ATELIÊ DO PENSAMENTO SOCIAL

BERNARDO BUARQUE DE HOLLANDA
JOÃO MARCELO EHLERT MAIA
CLÁUDIO COSTA PINHEIRO
(ORG.)

ATELIÊ DO PENSAMENTO SOCIAL

MÉTODOS E MODOS DE LEITURA COM TEXTOS LITERÁRIOS

FGV EDITORA

Direitos desta edição reservados à
Editora FGV
Rua Jornalista Orlando Dantas, 37
22231-010 | Rio de Janeiro, RJ | Brasil
Tels.: 0800-021-7777 | 21-3799-4427
Fax: 21-3799-4430
editora@fgv.br | pedidoseditora@fgv.br
www.fgv.br/editora

Impresso no Brasil | Printed in Brazil

Coordenação editorial e copidesque: Ronald Polito
Revisão: Victor da Rosa e Marco Antonio Corrêa
Capa e diagramação: Ilustrarte Design e Produção Editorial
Imagem da capa: the palms / Shutterstock.com

Ficha catalográfica elaborada pela
Biblioteca Mario Henrique Simonsen/FGV

Ateliê do pensamento social: métodos e modos de leitura com textos literários / Bernardo Buarque de Hollanda, João Marcelo Ehlert Maia, Cláudio Costa Pinheiro (Org.). — Rio de Janeiro : FGV Editora, 2016.
176 p.

Trabalhos apresentados na terceira edição do Ateliê do Pensamento Social, realizada em 2013 na Fundação Getulio Vargas.
Inclui bibliografia.
ISBN: 978-85-225-1847-0

1. Leitura. 2. Livros e leitura. 3. Literatura. 4. Ciências sociais. 5. História. 6. Cultura. I. Hollanda, Bernardo Borges Buarque de, 1974- . II. Maia, João Marcelo Ehlert. III. Pinheiro, Cláudio Costa. IV. Fundação Getulio Vargas.

CDD – 306.488

Sumário

Apresentação

A PRESENTE coletânea é fruto da terceira edição de um evento acadêmico promovido anualmente pelo Laboratório do Pensamento Social (Lapes), espaço de estudos vinculado ao Programa de Pós-Graduação em História, Política e Bens Culturais (PPHPBC) e integrante do Centro de Pesquisa e Documentação de História Contemporânea do Brasil, o CPDOC/FGV.

O Ateliê foi realizado entre os dias 22 e 23 de agosto de 2013, nas dependências da Fundação Getulio Vargas, no Rio de Janeiro, reunindo convidados internacionais e docentes de universidades brasileiras. O alvo principal do encontro são os discentes de pós-graduação de todo o país, nas áreas de ciências sociais e história.

A iniciativa partiu de algumas motivações daqueles envolvidos na subárea da sociologia conhecida como pensamento social. Em primeiro lugar, os organizadores foram motivados por uma aposta: a ampliação da escala de reflexão. Esta tradicionalmente se atém a estudos de caso brasileiros e inclui determinadas linhagens intelectuais, matrizes institucionais e obras de pensadores nacionais.

Pareceu importante aos idealizadores do encontro propor um debate de viés transnacional, com questões, vertentes e um elenco de autores menos usuais, mediante convite a professores estrangeiros para participar de mesas-redondas temáticas, ao lado de pesquisadores brasileiros.

O segundo estímulo foi a proposição de um espaço alternativo à estrutura mais tradicional dos Grupos de Trabalho (GTs), tal como ocorrem nos encontros das Associações Nacionais de Pós-Graduação. É perceptível nos últimos anos o aumento da demanda e o crescimento dessas entidades associativas da comunidade científica, o que torna mais difícil a participação de pós-graduandos. Essa constatação diz respeito não apenas ao tempo de apresentação dos trabalhos de pesquisadores em fase de formação — mestrado ou doutorado — como à possibilidade de dar ênfase a um dos fundamentos mais caros da atividade científica, qual seja: a metodologia.

Por fim, a proposta do Ateliê foi motivada por essa que é hoje uma de suas marcas: ser um evento capaz de oferecer uma ambiência por assim dizer artesanal, propícia à discussão das estratégias de leitura e voltada para um público-alvo determinado, a saber, mestrandos e doutorandos que lidam com a história das ideias, com a história intelectual e com a sociologia da cultura, entre outros subcampos interdisciplinares afins. Dos fundamentos da atividade acadêmica, a pergunta metodológica pelo "como ler" e pelo "como fazer" continua a ser um dos mais importantes e necessários *parti pris* científicos.

Após alguns anos de experiência com o evento, chegou-se ao formato que vem sendo desde então adotado. Dos dois dias de evento, o primeiro é composto por uma conferência e por duas mesas integradas por *scholars* que sejam referência nacional e internacional. Já o segundo dia é dedicado exclusivamente aos projetos dos inscritos e aprovados para o Ateliê, sob a supervisão e a dinâmica de grupo propostas por professores externos.

Em 2013, por exemplo, participaram do segundo dia de atividade os professores Antônio Herculano (Casa de Rui Barbosa), João César de Castro Rocha (Uerj), Leopoldo Waizbort (USP) e Válter Sinder (Uerj), convidados especialmente para dialogar com os 34 alunos selecionados acerca do recorte e dos pressupostos metodológicos apresentados em seus projetos.

O tema do III Ateliê, cujos resultados ora apresentamos, voltou-se à relação mais geral entre literatura, história e ciências sociais. O interesse específico incidiu na narrativa de textos literários e na historiografia das práticas de leitura, tal como desenvolvida nas últimas décadas por sociólogos, antropólogos e historiadores.

Entre as formas de abordagem, enfatizaram-se os métodos de tratamento de arquivos literários, não apenas como fonte, mas também como condição de constructo epistêmico e de artefato histórico. Com base neles, interrogou-se a respeito da emergência da figura do autor na história moderna europeia e postulou-se a interlocução entre escritores por meio de cartas, de impressos e toda sorte de manuscritos privados.

A reflexão sobre esse tópico, que circunscreve a história intelectual e a literatura epistolar, foi debatida na mesa de abertura pelo professor Roger Chartier (*Collège de France*), a que se seguiu a apresentação do *paper* do pesquisador brasileiro Marcos Antônio de Moraes (IEB/USP).

O primeiro expositor inquiriu as formas de comunicação facultadas pelas correspondências no alvorecer da Idade Moderna europeia e indagou a tensão das formas literárias com a relação emissor/receptor, na esteira do advento da tipografia e da imprensa, nos séculos XV e XVI. Chartier analisou a irrupção, em dicção bourdieusiana, da figura autônoma do Autor na chamada República das Letras francesa, entre os séculos XVII e XIX, e levou em consideração para tanto seus corolários imediatos, quais sejam, a consagração da ideia de indivíduo e a conversão da noção de autoridade em autoria intelectual individualizada na Era Moderna.

Na sequência, o contexto histórico, editorial e tipográfico brasileiro nos séculos XIX e XX foi o pano de fundo para a apreensão genético-textual das cartas como meio de conhecimento da vida de personalidades literárias nacionais. A partir da exegese de um vasto corpo de missivas endereçadas entre literatos brasileiros, essa mesma história contextual reconstitui o panorama histórico das letras no Brasil, em um recorte diacrônico proposto pelo professor do Instituto de Estudos Brasileiros da USP.

Outra vertente explorada no encontro disse respeito às formas "textualistas" de apreensão dos romances e das novelas ditas clássicas ou universais. Isso foi feito a partir da experiência com a literatura russa, por um pesquisador brasileiro, e com a literatura brasileira, por um pesquisador alemão.

A mesa "Tradição e tradução do romance: como ler *Anna Karenina* e *Grande sertão: veredas*?" contou com a presença dos convidados Berthold Zilly e Bruno Gomide. Enquanto Zilly é conhecido por verter consagradas obras literárias brasileiras para a língua germânica — de Euclides da Cunha a Raduan Nassar —, Gomide é doutor em teoria e história literária pela Unicamp e um dos renovadores dos estudos da língua russa no Brasil contemporâneo. Atualmente, coordena o programa de Pós-Graduação em Cultura e Literatura Russa (USP), é autor da opulenta tese *Da estepe à caatinga: o romance russo no Brasil*, transformada em livro em 2011, além de organizador da *Nova antologia do conto russo* (2012), entre outras publicações. Sua pesquisa em andamento versa sobre a recepção da literatura russa, com interesse temporal específico na vigência do regime do Estado Novo varguista.

A segunda mesa tematizou dessa forma menos os interstícios "internalistas" e mais as margens contextuais dos estudos literários. Seu foco direcionou-se à análise das políticas de tradução e dos modos de transplantação de romances entre cenários e culturas díspares, entre línguas e paisagens distantes. Sem deixar de valorizar aspectos conteudísticos dos romances, os palestrantes apontaram alguns condicionantes sociais importantes nas formas de verter e de traduzir textos literários no Brasil e no exterior.

A contextualização recaiu em obras consideradas magnas da tradição romanesca ocidental, a exemplo de *Guerra e paz* (1869), de Liev Tolstoi, e de *Grande sertão: veredas* (1956), de Guimarães Rosa. Para além de reforçar simplesmente a importância do contexto e das bordas do texto, a estratégia das exposições salientou tanto a microanálise mais técnica que envolve a tarefa do tradutor quanto a dissecação dos fundamentos filosóficos, sociológicos e transliterários que embasam o ofício da tradução, este último desde uma visada por assim dizer mais benjaminiana.

As mesas tinham a previsão de serem antecedidas por uma conferência de abertura. Em razão de um impedimento de saúde do professor convidado, ela teve de ser postergada e foi afinal realizada no ano seguinte, com um *paper* inédito — "O direito romano na constituição de Macondo: como ler um clássico latino-americano?". A apresentação foi feita pelo crítico de origem cubana Roberto González Echevarría, em abril de 2014, em um auditório da FGV.

Nascido em 1943, no povoado de Sagua la Grande, ao norte da ilha de Cuba, Echevarría teve sua formação acadêmica no ambiente universitário norte-americano. Interessado pelo barroco, pelo picaresco e por todo o *Siglo de Oro* hispânico, sua tese foi consagrada à peça *La vida es sueño* (1635), de Calderón de La Barca. Durante os anos 1970, valeu-se das bibliotecas estadunidenses para se aprofundar na bibliografia sobre a literatura colonial latino-americana.

No ano de 2011, o catedrático recebeu diretamente do presidente Barack Obama, na Casa Branca, a Medalha Nacional de Artes e Humanidades, título honorífico mais alto nos Estados Unidos, referente à cultura e às artes em geral. Há décadas professor da Universidade de Yale, Echevarría deslocou-se especialmente ao Rio de Janeiro para proferir a palestra sobre a obra-prima de Gabriel García Márquez, *Cem anos de solidão* (1967). O escritor colombiano, por coincidência, viera a falecer poucos dias antes da data da apresentação do convidado na cidade do Rio.

* * *

Os artigos a seguir foram encomendados aos autores na sequência da realização do encontro, sendo entregues no início de 2014. Dos cinco convidados, apenas um, em razão de outros compromissos profissionais, não pôde enviar sua contribuição no prazo estipulado. A redação foi feita originalmente em diferentes línguas — francês, inglês, espanhol e português. Em seguida, os textos foram submetidos ao laborioso processo de tradução e de preparação editorial, no decorrer dos anos de 2015 e 2016.

Em conjunto, os capítulos ensaísticos procuram dar a um público mais amplo a oportunidade de compartilhar os principais eixos de discussão em tela durante os dois dias do Ateliê. Ao pôr em relevo as fronteiras das narrativas histórica e literária, ao tensionar a díade literatura-ciências sociais, ao refletir sobre os limites da intencionalidade do autor *vis-à-vis* a "estética da recepção" do leitor e ao recolocar a querela em torno do par texto-contexto, os quatro ensaios aqui reunidos convidam os leitores a explorar a imaginação literária que se irradiou em escala intercontinental, da Península Ibérica à América Latina, e desta àquela, desde os tempos coloniais até a contemporaneidade.

Chartier, Zilly, Echevarría e Moraes oferecem-nos aqui um exercício instigante de leitura tanto das obras principais quanto da marginália de escritores consagrados, como Cervantes, Shakespeare, Sarmiento, García Márquez e Lobato. Cada um a seu modo, os autores deste volume enfatizam maneiras plurais de ler cartas e romances, de entender seus fundamentos ficcionais e de perscrutar os condicionantes materiais que permitem sua edição e publicação.

Bernardo Buarque de Hollanda
CPDOC/FGV

CAPÍTULO 1

Materialidade do texto e expectativas de leitura: concordâncias ou discordâncias?*

Roger Chartier

A REFLEXÃO que eu gostaria de propor hoje tem sua origem no confronto de duas noções que transformaram profundamente nossa relação com a cultura escrita. A primeira é a de "materialidade do texto", tal como foi definida em um artigo que se tornou clássico, *The materiality of the Shakesperean text*, publicado em 1993 por Margreta De Grazia e Peter Stallybrass (1993:255-283). O alvo deles era duplo. A crítica se dirigia, primeiramente, às abordagens estritamente formalistas, como a do *New Criticism* ou a da *Nouvelle Critique*, que consideram os textos como estruturas linguísticas cujo funcionamento é tido como totalmente independente das modalidades materiais da escrita. O segundo alvo, mais recente, era o *New Historicism*, que historiciza as relações ou "negociações" entre os discursos e as práticas do mundo social e as obras literárias, mas sem, com isso, prestar contas à historicidade mais fundamental: a das formas de inscrição e de publicação dos próprios textos. Daí sua constatação final:

> Os formalistas exigem uma atenção minuciosa aos menores detalhes linguísticos da literatura sem dedicar um mínimo pensamento às práticas externas ao autor, que frequentemente são a origem desses mesmos detalhes. Os adeptos do historicismo, que buscam nas obras de Shakespeare os rastros das estruturas discursivas do fim do século XVI e do começo do século XVII, esquecem a que ponto essas estruturas são construções do século XVIII.

* Tradução de Leda Cartum.

O conceito de "materialidade do texto" visa, assim, a ultrapassar a oposição tão clássica quanto errônea entre, de um lado, a obra e, de outro, o livro ou o objeto impresso. Essa distinção bastante clara parecia definir tarefas muito diferentes: aquelas dos historiadores da literatura, dedicados ao estudo da gênese e das significações das obras, e aquelas dos historiadores do livro ou da edição, ligados à compreensão das modalidades de publicação e circulação dos textos. Essa clássica distinção talvez tenha, paradoxalmente, sido reforçada e não diminuída pelos estudos da *New Bibliography*, isto é, a bibliografia material que analisa com rigor os diferentes estados impressos de uma mesma obra (edições, emissões, exemplares) para compreender e neutralizar as corrupções infringidas ao texto pelas práticas do ateliê tipográfico. Nessa disciplina, que costuma não poder ou não querer estudar os objetos impressos que transmitiram os textos, a maior obsessão é, no entanto, a obra em seu estado original, assim como foi pensada, desejada ou escrita pelo autor. Daí a distinção em cada texto impresso entre "*essenciais*" e "*acidentais*", entre os elementos consubstanciais à obra e as alterações que dispensam preferências ou equívocos dos editores, dos corretores ou dos compositores. Daí, também, a questão do *ideal copy text*, do manuscrito escrito, ditado ou corrigido pelo autor; um manuscrito para sempre ausente, mas possivelmente imaginado a partir dos estados impressos (Greg, 1972:81-115).

A bibliografia material não é a única disciplina que afirma essa cesura entre a obra em sua identidade própria e sua corrupção pela impressão. Acontece dessa maneira com a prática filológica quando, como no caso do *Lazarillo de Tormes*, magistralmente estudado e editado por Francisco Rico, ela mostra a imposição dos hábitos característicos do impresso (página de título, estampa em xilogravura, divisão de capítulos, epígrafes) sobre um texto concebido como uma carta pertencente ao gênero — que estava na moda na Itália e na Espanha dos anos 1530-40 — das *carte messagiere*, cartas escritas no vulgar, endereçada por Lázaro (e não Lazarillo, como indica a carta) a um correspondente anônimo, visto que ele se tornou arauto público em Toledo (Lazarillo, 2011:91-205). Composto como uma epístola sem divisões, tendo sem dúvida circulado com essa forma graças a cópias manuscritas, o texto passa, em seguida, pelas mãos de um impressor, que o submete às regras ordinárias dos livretos impressos. Mas, como escreve Francisco Rico, esse editor do texto "*por desgracia, apenas entendió nada*", isto é, "infelizmente, não entendeu nada". Com o *Lazarillo de Tormes*, o livro corrompeu a obra de uma forma extrema, submetendo-a a um tratamento nefasto e obrigando, assim, seus editores modernos a buscá-la em seu primeiro estado, tendo que apagar as deformações da edição impressa.

Mas será que devemos nos satisfazer com essa oposição imposta entre a obra, em sua pureza essencial, e o livro que, no melhor dos casos, apenas a transmite como um veículo inerte e, no pior, a altera e corrompe? As metáforas antigas designavam essa diferença entre a obra e o livro utilizando a relação que une, no ser humano, a alma e o corpo. Alonso Victor de Paredes, impressor em Madri e Sevilha e autor do primeiro manual sobre a arte do impressor em língua vulgar, intitulado *Institución del arte de la imprenta y reglas generales para los componedores*, composto por volta de 1680, expressa com força e sutileza a dupla natureza do livro, como objeto e como discurso (Víctor de Paredes, 1984). Ele inverte a metáfora clássica que descreve os corpos e os rostos como livros, e compreende o livro como uma criatura humana, já que, como o homem, ele tem um corpo e uma alma: "Eu assimilo um livro à fabricação de um homem, que tem uma alma racional, com a qual Nosso Senhor o criou com todas as graças que sua Majestade Divina desejou dar a ele; e, com o mesmo poder absoluto, ele formou seu corpo elegante, belo e harmonioso".

Para ele, o livro deve ser considerado uma criatura humana, mas a alma do livro não é somente o texto que foi composto, ditado ou imaginado por seu criador. Ela é esse texto posto em uma disposição adequada, "*una acertada disposición*": "um livro perfeitamente finalizado consiste em uma boa doutrina, apresentada como necessária graças ao impressor que trabalha na prensa, que deve estar limpa e bem cuidada, o que faz com que eu possa compará-lo a um corpo gracioso e elegante". Se o "corpo" do livro é o resultado do trabalho dos impressores, sua "alma" não é formada somente pelo autor, mas recebe sua forma por todos aqueles — mestre impressor, compositores e corretores — que cuidam da pontuação, da ortografia e da paginação. Paredes já recusa, assim, toda separação entre a substância "essencial" da obra, considerada sempre idêntica a ela mesma, qualquer que seja sua forma, e as variações "acidentais" do texto, que resultam das operações no ateliê. Para ele, homem da arte tipográfica, a confecção do livro é também a confecção da obra.

O alerta não foi esquecido pela crítica textual. A "sociologia dos textos", como foi definida por D. F. McKenzie (1986), tem por ponto de partida o estudo das modalidades de publicação, de disseminação e de apropriação dos textos. Apoiada sobre a tradição bibliográfica, a "sociologia dos textos" enfatiza a materialidade do texto e a historicidade do leitor com uma dupla intenção: identificar os efeitos produzidos sobre o estatuto, a classificação e a percepção das obras pelas transformações de sua forma material; mostrar que as modalidades próprias da publicação dos textos antes do século XVIII acabam questionando a estabilidade e a pertinência das categorias que a crítica associa espontaneamente à "literatura": como as noções de "obra", de "autor", de "*copyright*".

É contra a abstração dos discursos que o estudo da materialidade do texto, compreendido no sentido que Peter Stallybrass e Margreta de Grazia deram à expressão, lembra que a produção, não somente dos livros, mas também dos próprios textos, é um processo que implica, além do gesto da escrita, diferentes momentos, diferentes técnicas, diferentes intervenções. As transações entre as obras e o mundo social não consistem unicamente na apropriação estética e simbólica de objetos comuns, de linguagens múltiplas e de práticas rituais ou cotidianas, como quer o *New Historicism* (Greenblatt, 1988). Elas dizem respeito, mais fundamentalmente, às relações múltiplas, móveis, instáveis, que existem entre a obra e seus textos. O processo de publicação, qualquer que seja sua modalidade, nunca separa a materialidade do texto da textualidade do livro.

Essa materialidade não é somente aquela que chamou a atenção da *New Bibliography*, preocupada com uma descrição formalizada dos objetos impressos a fim de reconstituir o processo de sua impressão e procurando reconhecer, pela identificação de hábitos, preferências ou materiais dos operários tipográficos que compuseram as diferentes formas ou folhas do livro, as alterações que infringiram à obra. A "materialidade do texto" se aproxima da "função expressiva" das modalidades de inscrição do texto no livro: o formato, a paginação, as escolhas gráficas e ortográficas, a pontuação. Essas decisões, seja quem for o responsável, "fazem o texto" — ao menos para os leitores da edição em que elas se encontram. É nisso que "*forms affect meaning*".

A sentença pode ser entendida de forma geral e, assim, conduzir à compreensão de que os efeitos característicos da invenção de Gutenberg não são, talvez, aqueles que frequentemente foram considerados. Isso diz respeito, fundamentalmente, às relações entre as obras como textos e entre as formas de sua inscrição material. Se o livro impresso herda algumas estruturas fundamentais do livro manuscrito (por exemplo, a distribuição do texto entre os cadernos e os folhetos próprios ao *codex*, qualquer que seja a técnica de sua produção e reprodução), também propõe inovações que modificam profundamente a relação do leitor com o escrito. Assim ocorre, por exemplo, com os paratextos ou, mais precisamente, na terminologia morfológica de Gérard Genette (1978), peritextos que compõem as margens do livro. Com o impresso, eles adquirem uma identidade tornada imediatamente perceptível pelas assinaturas particulares (itálicos, vogais marcadas com o til, símbolos) que caracterizam o caderno ou os cadernos que constituem as preliminares, sempre impressas (com as tábuas ou os índices) depois da finalização da impressão do corpo do livro, e frequentemente redigidas pelo livreiro ou pelo impressor. As metáforas arquiteturais que, nos séculos XVI e XVII, designam esses "pórticos", que levam à obra propriamente dita, encontram uma tradução material na separação tipograficamente marcada entre a obra e o "vestíbulo" (segundo Borges) que conduz a ela.

Além disso, é mais comum no livro impresso do que no manuscrito a reunião em um único volume das obras de um mesmo autor. É verdade que a inovação não é absoluta, já que foi a partir da metade do século XIV que, por meio de certos escritores da língua vulgar, consolidou-se a prática de reunir em um mesmo volume apenas textos dos quais eles mesmos eram os autores. Como mostrou Armando Petrucci (1995:1-18), o gesto rompia com a tradição predominante na época do manuscrito, aquela da miscelânea que reúne textos de gêneros, datas e autores completamente diferentes. Mas a prática se fortalece com o impresso. O fólio de 1616, composto pelo próprio Ben Jonson, ou aquele de 1623, que não deve nada a Shakespeare, mas deve tudo aos seus antigos camaradas e aos *stationers* que possuíam ou compraram os *rights in copy* de 36 de suas peças, são ilustrações exemplares do vínculo muito estreito entre a materialidade do livro impresso e o conceito de obra atribuída a um nome próprio. Fica claro, então, que as formas tipográficas afetam o sentido.

Mas a quem o leitor do passado devia imputar essas formas? Cada tradição da crítica textual privilegiou um ou outro dos atores engajados no processo de composição e de publicação dos textos entre os séculos XV e XVIII, na idade do que pode ser chamado de antigo regime tipográfico. Para a bibliografia material, as escolhas gráficas e ortográficas são a realização dos compositores. Os operários tipográficos dos antigos ateliês não tinham todos a mesma maneira de regular a ortografia das palavras ou de marcar a pontuação. Daí a recorrência regular das mesmas grafias ou dos mesmos usos de sinais de pontuação em diferentes cadernos de uma mesma obra, em função das preferências e dos hábitos do compositor das páginas. É por isso que as *spelling analysis*, com o estudo da recorrência dos caracteres danificados ou dos ornamentos, permitiram atribuir a composição de determinada página a determinado compositor, e, assim, reconstituir o próprio processo de fabricação do livro, seja *seriatim* (ou seja, seguindo a ordem do texto), seja pelas formas (por exemplo, compondo em sequência todas as páginas reunidas em uma mesma forma (ou quadro de madeira) e impressas de um mesmo lado de uma folha de impressão). Esse modo de composição permite começar a impressão de uma folha antes mesmo que todas as páginas de um mesmo caderno tenham sido compostas; mas supõe, também, a calibragem prévia e exata da cópia manuscrita.

De outra perspectiva, mais filológica, o essencial está em outro ponto: na preparação do manuscrito pela composição, como foi operada pelos "corretores" que acrescentam capitais, acentos e pontuação, que normalizam a ortografia, fixam as convenções gráficas e que, frequentemente, são encarregados da correção das provas. Se esses são o resultado do trabalho dos ateliês, essas escolhas, aqui, não são mais atribuídas somente ou principalmente aos compositores, mas aos humanistas (clérigos, graduados das universidades, professores) empregados pelos livreiros e impressores para assegurar a maior correção possível de suas edições. Paolo Trovato (1991) lembrou o quanto era importante para os editores do *Cinquecento* insistir na "correção", efetiva ou suposta, de suas edições, indicada nas páginas de título pela expressão "*con ogni di-*

ligenza corretto". Daí vem o papel decisivo dos "corretores", cujas intervenções se desdobram em diversos momentos do processo de edição: da preparação do manuscrito à correção das provas, das correções em processo de tiragem, a partir da revisão das páginas já impressas, ao estabelecimento da *errata*, em suas diversas formas — as correções à pena nos exemplares impressos, os folhetos de errata anexados no fim do livro ou as sugestões feitas ao leitor para que ele mesmo corrija seu próprio exemplar.

Nos séculos XVI e XVII, os textos submetidos às decisões dos "corretores", que intervinham como *copy-editor* ou *proof-reader*, pertencem a diferentes repertórios: os textos clássicos, gregos ou latinos (Grafton, 2011); as obras em língua vulgar que tiveram uma circulação manuscrita e às quais a impressão impõe suas próprias normas de apresentação do texto e, em certos casos, como aquele das edições italianas, uma normalização linguística (Richardson, 1994); enfim, os manuscritos dos contemporâneos cuja lisibilidade extremamente medíocre muito irritava os corretores e compositores.

Seria possível concluir, portanto, que os autores se mantinham alheios às decisões e aos gestos que davam aos livros sua materialidade? No seu *Dictionnaire* publicado em 1690, Furetière indica, no artigo "Pontuação": "A exatidão desse Autor vai até o ponto em que ele dá atenção aos pontos e às vírgulas". Implicitamente, o exemplo do emprego remete ao desinteresse comum aos autores pela pontuação, mas assinala, ao mesmo tempo, que se encontram autores atentos à pontuação de seus textos — e, mais geralmente, à materialidade de sua inscrição. Ronsard ou La Bruyère são exemplos dessa "consciência tipográfica" que faz com que controlem a edição de suas obras para que possam ser produzidos os efeitos de leitura esperados mediante o uso dos sinais de pontuação e da presença das letras capitais com que certas palavras são dotadas, ou ainda de jogos com os diferentes caracteres tipográficos.

A atenção conferida à materialidade do texto põe assim em evidência a fragilidade da distinção entre fazer o texto e fazer o livro, bem como a da fronteira que separa tais ações. Como constata Malcolm Parkes (1993:210-211), "a pontuação impressa pode refletir aquela do autor, aquela de quem preparou a cópia para a prensa, aquela do compositor, ou os três juntos" — e poderíamos acrescentar à lista o leitor que costuma modificar a pontuação do livro impresso que lê, seja por sua própria iniciativa e por fidelidade ao uso antigo, que entende que um livro impresso só está completamente finalizado depois da intervenção de muitas mãos, seja porque foi sugestionado pelo próprio impressor para corrigir os erros introduzidos na composição impressa.

A materialidade do texto, e não somente sua letra, guia ou informa a leitura. É por isso que a perspectiva de Don McKenzie considera a história da leitura central tanto para a crítica textual quanto para a história do livro. É a ideia de que um texto só acessa verdadeiramente a existência quando um leitor se apropria, de forma implícita, de todos os processos (hermenêutico, fenomenológico, estético) que tentaram caracterizar as modalidades e os efeitos do ato de leitura. Don McKenzie apresenta essa constatação, mas lhe dá uma dimensão histórica e dinâmica, indicando que "novos leitores criam textos novos, dos quais os novos significados dependem diretamente de suas novas formas". Assim, designa-se com acuidade a relação que liga a variação das formas como as obras são lidas, a definição do público de seus possíveis leitores e o sentido que eles atribuem aos textos que se tornam seus.

O estudo morfológico das disposições tipográficas e a análise social dos públicos, longe de se excluírem, estão necessariamente associados. É em função das competências e das expectativas supostas dos leitores visados pelo autor, o editor e o impressor que são decididas as formas atribuídas aos textos. Mas elas têm uma dinâmica própria, que pode ou não construir um novo público, maior e mais popular, e autorizar apropriações inéditas de textos que anteriormente haviam circulado de outras formas e para outros leitores. É pela mobilidade de suas formas que os textos são suscetíveis a reempregos e reinterpretações pelos diferentes públicos que atingem ou inventam. Mas, para isso, é preciso pensar se essas formas tipográficas restringem os leitores em suas possibilidades de interpretação. O que se sustenta é a ideia de deslocar para a materialidade do texto, considerada imperiosa, o poder que a crítica estruturalista atribuía a sua potência linguística.

Para evitar esse risco, é certamente necessário retornar às proposições que procuraram dar à leitura um papel fundamental no processo de produção do sentido. No seio da crítica literária dos 1960 e 1970, o dilema era o seguinte: como, na análise, liberar os leitores da submissão obrigatória às intenções do autor ou à maquinaria linguística do texto sem, assim, cair em um inventário infinito, disparatado de diversidade de leituras? Na perspectiva da estética da recepção, é o conceito de "horizonte de expectativa" que deve permitir ultrapassar a dificuldade. Para Hans Robert Jauss (1970, 1978:21-80), como formulado em 1970, são designadas as categorias estéticas compartilhadas às quais as obras geralmente se adequam, mas que aquelas mais provocantes (como *Dom Quixote* ou *Madame Bovary*) transformam profundamente. Para ele,

> a análise da experiência literária do leitor irá escapar ao psicologismo com o qual ela é ameaçada se, para descrever a recepção da obra e o efeito produzido por ela, reconstitui-se o horizonte de expectativa de seu primeiro público, ou seja, o sistema de referências objetivamente formulável que, para cada obra, no momento da história em que ela aparece, resulta de três fatores principais: a experiência prévia que o público tem do gênero a que ela pertence; a forma e a temática de obras anteriores das quais ela pressupõe o conhecimento; e a oposição entre linguagem poética e linguagem prática, mundo imaginário e realidade cotidiana.

A reconstituição dos "horizontes de expectativa" dos leitores deve, assim, romper com a evidência de um "sentido objetivo, fixado de uma vez por todas, imediatamente acessível o tempo todo a todo intérprete".

Confrontado o mesmo desafio (como construir a capacidade inventiva da leitura sem cair na arbitrariedade dos significados, tão numerosos e variados quanto os leitores?), Stanley Fish propôs, em 1980, a noção de "*interpretive communities*" (Fish, 1982). Destinada a evitar tanto a absoluta tirania do texto quanto o radical solipsismo da leitura, designa as categorias interpretativas que, por não serem universalmente compartilhadas, também não são irredutivelmente próprias a cada leitor. Segundo Fish,

> é o ato que faz reconhecer que a literatura não é comprometida com qualquer coisa no texto, e ele não resulta de uma vontade

> independente e arbitrária, mas procede de uma decisão coletiva a respeito daquilo que deve ser considerado como literatura, uma decisão que só vale se uma comunidade de leitores continua a aceitá-la.

Daí a centralidade da noção de "comunidades de interpretação" que deve permitir anular a distância entre texto e leitores, entre objeto e sujeito, entre evidência do sentido e experiência de leitura. Stanley Fish escreve:

> Uma comunidade de interpretação não é objetiva porque, como é definida por um conjunto de interesses, propósitos e objetivos particulares, sua perspectiva é engajada, e não neutra; mas, na mesma linha, os significados e os textos produzidos por uma comunidade de interpretação não são subjetivos porque não resultam de um indivíduo isolado, mas do ponto de vista de um público que compartilha as mesmas convicções.

Para ele, as estratégias de interpretação que definem as diferentes comunidades de leitores são, ao mesmo tempo, decisivas para a construção do sentido daquilo que é lido e anteriores ao próprio ato de leitura, pois implicam as normas e os valores que governam, para cada uma delas, sua relação com a escrita.

Poderíamos dispor, ao lado das noções propostas por Jauss e Fish, a maneira com a qual Barthes, a partir de 1968, define a posição de leitura como o lugar em que se constrói um sentido que escapa ao controle e à vontade do autor:

> um texto é feito de escritas múltiplas, provenientes de diversas culturas e que entram em diálogo umas com as outras, como paródias, como contestação; mas há um lugar em que essa multiplicidade se reúne, e esse lugar não é o autor, como foi dito até hoje, mas o leitor: o leitor é o próprio espaço em que se inscrevem, sem que nada se perca, todas as citações das quais é feita uma escrita; a unidade do texto não é sua origem, mas sua destinação. [Barthes, 1984:63-69]

Daí a conclusão final: "o nascimento do leitor deve se pagar com a morte do Autor".

Essas três perspectivas tiveram o mérito de "extrair" a leitura do texto, de atribuir a ela um papel essencial na construção do sentido e de inscrevê-la nas convenções coletivamente compartilhadas. Seus limites, no entanto, eram duplos. De um lado, consideraram os textos em seu conteúdo linguístico ou semântico, sem prestar nenhuma atenção a sua própria materialidade. De outro lado, apagaram, de diversas formas, as determinações sociais e históricas do ato de leitura que foi posto no centro do processo de construção do sentido. Barthes faz isso afirmando que "a destinação [dos textos] não pode ser mais pessoal: o leitor é um homem sem história, sem biografia, sem psicologia; ele é apenas esse alguém que mantém reunidos em um mesmo campo todos os traços com os quais o escrito é constituído"; Jauss o faz supondo a universalidade, em um dado momento, "de uma experiência estética intersubjetiva prévia que funda toda compreensão individual de um texto e o efeito que ele produz"; e Fish, reduzindo a definição das comunidades de leitores a seus únicos princípios hermenêuticos: "as comunidades de interpretação são constituídas por todos aqueles que compartilham as mesmas estratégias de interpretação".

Para ultrapassar esses limites, a exigência do presente consiste então em compreender o mundo dos textos como um mundo de objetos e de "performances", e o mundo dos leitores como aquele das comunidades às quais pertencem e que definem um mesmo conjunto de competências, práticas e usos do escrito. No prólogo da edição de 1502 da *Tragi-comédie de Calixte et Mélibée*, mais conhecida pelo título de *Celestina*, Fernando de Rojas atribui as diversas interpretações da obra à diversidade das idades e dos humores de seus auditores:

> Uns fazem um conto para a viagem. Outros distribuem mensagens e provérbios conhecidos, e, procurando fazê-lo corretamente, negligenciam o que convinha a eles e que lhes será mais útil. Mas aqueles para quem tudo é prazer verdadeiro rejeitam a boa anedota, retendo dela a soma para seu proveito, riem dos propósitos divertidos e guardam na memória as sentenças e máximas dos filósofos para aplicá-las, no momento certo, em seus atos

> e desígnios. Assim, se dez pessoas vêm se reunir para entender essa comédia, entre as quais há tantos humores diferentes, como sempre acontece, como negar que haverá motivos de discussão sobre matérias que podem se compreender de tão numerosas maneiras? [Rojas, 2011:19-20]

Mais ou menos cinco séculos mais tarde, Borges atribui de forma semelhante as mudanças nas maneiras de se ler às variações do sentido das obras:

> A literatura é coisa inesgotável, pela razão suficiente e simples de que um só livro já é isso. O livro não é uma entidade fechada: é uma relação, um centro de inumeráveis relações. Uma literatura difere de outra, posterior ou anterior a ela, menos pelo texto do que pela forma com a qual ela é lida: se me dessem para ler qualquer página de hoje — esta, por exemplo — como se fosse lida no ano 2000, eu conheceria a literatura do ano 2000. [Borgesb, 1997:237-242]

Com tais autoridades, quase não é necessário justificar as razões que inspiraram a vontade de associar "o leitor à obra", já que o que se opera é o encontro entre o mundo do texto, que é sempre um mundo de objetos escritos ou de palavras leitoras ou declamadoras, e de um horizonte de expectativa, modelado por convenções, hábitos ou experiências passadas.

Mas compreender o ato de leitura não é uma coisa simples. Todas as perspectivas críticas que o colocaram no centro de sua busca, desde a estética da recepção até a *reader response theory*, sempre oscilaram entre pôr em evidência categorias ou estratégias compartilhadas por todos os leitores e leitoras pertencentes à mesma comunidade de interpretação, sob o risco de perder a originalidade de cada apropriação, e, por outro lado, a fascinação pela infinita diversidade das interpretações e dos usos dos textos, sob o risco de cair na coleta, ela mesma infinita, das singularidades. Como transformar essa tensão em instrumento de compreensão?

Primeiro, devemos considerar a grande gama daquilo que, a cada época, leem os leitores. A leitura não é apenas leitura de livros, e menos ainda unicamente leitura de obras consagradas pelo cânone literário ou filosófico. A invenção da imprensa certamente permitiu a disseminação dos textos em uma escala desconhecida nos tempos do manuscrito. Tal constatação é indiscutível. Com a invenção de Gutenberg, mais textos foram postos em circulação e todos os leitores tiveram a mesma possibilidade de encontrá-los em maior número. Mas quais são esses textos dos quais a presença é multiplicada pela imprensa? Livros, é claro, mas, como mostrou D. F. McKenzie (1992:389-425), sua impressão constitui uma parte frequentemente minoritária, às vezes muito minoritária, da atividade dos ateliês tipográficos entre os séculos XV e XVIII. O essencial da produção impressa consiste em libelos, panfletos, petições, cartazes, formulários, bilhetes, quitações, certificados e muitos outros *travaux de ville*[1] que asseguram os maiores rendimentos das empresas. A imprensa oferece à leitura, assim, objetos desconhecidos ou marginais na idade do manuscrito, e, nas cidades da primeira modernidade, o escrito impresso está nas paredes, é lido nos espaços públicos, transforma as práticas administrativas e comerciais.

No entanto, ela não reina como mestre absoluto e exclusivo. Depois dos trabalhos consagrados à publicação manuscrita na Inglaterra, na Espanha e na França, não há ninguém hoje que sustente que isso (a imprensa) matou aquilo (o manuscrito) (Love, 1993; Bouza, 2001). Múltiplos são os gêneros (antologias poéticas, libelos políticos, instruções nobiliárias, novelas feitas à mão, textos libertinos e heterodoxos, partituras musicais etc.) que foram frequentemente lidos nas cópias manuscritas, e não como obras impressas. As razões para isso são numerosas: o menor custo da edição, o desejo de evitar a censura, o desejo de uma circulação restrita, ou, ainda, a maleabilidade da forma manuscrita, que permite adições e revisões. A imprensa, ao menos nos quatro primeiros séculos de sua existência, não fez desaparecerem nem a comunicação nem a publicação manuscritas.

Mais ainda, ela trouxe novos usos para a escrita à mão, como atesta um primeiro inventário dos objetos que incitam seus compradores a preencher com sua escrita os espaços que a impressão deixou em branco (Stallybrass, 2007:340-367). O mesmo ocorre com as páginas virgens

[1] Pequenos trabalhos eventuais, realizados para particulares, como notas, cartões de convite, papel timbrado para carta etc.; impressos de pouca importância. [N. do E.]

interfoliadas, nos almanaques, com os espaços para a escrita nos formulários ou as margens amplas e entrelinhas, nas obras destinadas a incorporar as anotações do leitor. Seria fácil multiplicar os exemplos desses objetos impressos dos quais a razão de ser é suscitar e preservar a escrita manuscrita: assim, as edições clássicas latinas utilizadas nos colégios do século XVI (Grafton, 1981:37-70), as cartas de casamento, em uso em certas dioceses da França meridional do século XVII, ou, no século seguinte, na Itália, as primeiras agendas nas quais cada dia é dividido em seus diferentes momentos (Braida, 1998:137-167). As proximidades entre escritas manuscritas e textos impressos não são, além disso, limitadas a esses únicos objetos que, explicitamente, as organizam. Os leitores do passado, em particular os leitores letrados, frequentemente se apropriam das obras feitas pelas prensas, corrigindo com a pena os erros que encontravam e estabelecendo os índices ou as erratas manuscritas que lhes eram úteis, compondo livros originais a partir dos fragmentos de edições impressas que recortavam e colavam.

Os espetaculares exemplos de anotações manuscritas coletadas pelos historiadores podem conduzir ao retorno sobre a historicidade das práticas que acompanham as leituras. No Renascimento, anotar um livro com sublinhados, rubricas marginais ou referências cruzadas é um dos gestos impostos pela técnica dos lugares-comuns (Blair, 1992:541-551; Sherman, 2007). Assim assinaladas e destacadas, as passagens que importam são em seguida copiadas e distribuídas entre as rubricas temáticas de um caderno ou livro de lugares-comuns. Ao procurar fatos atestados pelos Antigos ou pelos contemporâneos, modelos de estilo e de argumentação ou sentenças, que são verdades universais, ou seja, "sublimes", para recuperar o que diz Francis Goyet (1995), esses lugares-comuns podem vir a alimentar os discursos daquele que os reuniu. Os impressores se apropriam da técnica publicando cadernos em branco em que só são impressos os títulos das rubricas, ou então propondo antologias em que já estão compiladas e organizadas as citações ou paráfrases das quais os leitores poderiam precisar.

A prática se apropria de todos os gêneros e perdura por um longo período. No século XVII, transforma as réplicas do teatro em máximas gerais. Reunindo 36 peças, o fólio de 1623 inaugura a canonização de Shakespeare. Mas é desde 1600 que citações de seus poemas *Estupro de*

Lucrécia e *Vênus e Adonis*, além de cinco de suas peças, aparecem em coletâneas de lugares-comuns, inteiramente compostos a partir de autores que escreveram e escrevem em inglês, e não em latim: de um lado, o *Bel-vedere, or The garden of the muses*; de outro, *England's parnassus* (Stallybrass e Lesser, 2008:371-420). Mais tarde, em 1751 e 1755, é o próprio Richardson que compila, em seus romances, aforismos, sentimentos, reflexões e observações que constituem, dispostos sob rubricas organizadas em ordem alfabética, exemplos *digested under proper heads*, o que significa retomar o léxico antigo, medieval e renascentista, bíblico e humanista, que descreve a leitura como uma *ruminatio* e *digestio* (Price, 2000).

Nesse sentido, Montaigne, que não mantém *gardoires* ou cadernos de lugares-comuns, que copia diretamente em seus *Essais* extratos (às vezes longos) de outros livros, e que escreve no próprio livro *l'idée générale* que ele encontrou, não é um praticante exemplar da técnica intelectual dominante de seu tempo. Inversamente, os leitores do século XVIII não são todos como Richardson. Suas anotações marginais se libertaram das obrigações dos lugares-comuns e utilizaram os espaços brancos da composição para manifestar sua reação diante das obras e apropriar-se tanto de sua existência material como objeto comprado, oferecido, recebido, do qual as peregrinações são lembradas na página de título, quanto do seu próprio texto, que suscita emoções, lembranças e desejos. As *marginalia*, que são um manancial tanto para os historiadores da leitura quanto para aqueles das obras, têm, assim, uma realidade morfológica de longa duração, já que, no manuscrito medieval, da mesma forma que no livro impresso hoje em dia, devem encontrar seu lugar em um objeto que, salvo exceções, não espera por elas. Mas essas anotações têm também uma história e inscrevem-se em práticas intelectuais ou sensibilidades variáveis.

Por muito tempo, o escrito foi tido como instrumento de poderes temíveis e temidos (Fabre, 1993:231-263). Caliban sabe disso, ao pensar que a potência de Próspero será destruída se seus livros forem pegos e queimados: "*Burn but his books*". Mas os livros de Próspero não são mais do que um único livro: aquele que o permite submeter às suas vontades a Natureza e os seres. Esse poder demiúrgico é uma terrível ameaça para quem o exerce, e copiar nunca é o suficiente para conjurar o perigo. O livro deve desaparecer, afogado no fundo das águas: "E mais profundo do que o poço nunca desceu,/ Afogarei meu livro [*I'll drown my book*]". Três séculos mais tarde, com Borges (1997a:130-137), é nas profundezas das prateleiras da biblioteca que deve ser sepultado um livro que, por ser de areia, não era menos inquietante.

No século XVIII, os próprios corpos indicam, para o bem ou para o mal, os perigos e benefícios da leitura (Wenger, 2007). O discurso se medicaliza, construindo uma patologia do excesso de leitura, considerado uma doença individual ou uma epidemia coletiva. A leitura sem controle é considerada perigosa porque associa a imobilidade do corpo com a excitação da imaginação. Ela conduz, a partir disso, aos piores males: o entupimento do estômago e dos intestinos, o desarranjo dos nervos, o esgotamento do corpo. Como indica o doutor Tissot (1761), os profissionais da leitura, a saber, os homens de letras, são mais expostos a tais irregularidades, origens da doença que é por excelência a sua: a hipocondria. Além disso, o exercício solitário da leitura conduz a um desvio da imaginação, à recusa da realidade, à preferência pela quimera. Daí a proximidade entre o excesso de leitura e os prazeres solitários. As duas práticas produzem os mesmos sintomas: a palidez, a inquietude, a prostração (Laqueur, 2003). O perigo é máximo quando a leitura é leitura de um romance e o leitor é uma leitora retirada na solidão. A leitura, desde então pensada a partir de seus efeitos corporais e da somatização de uma prática da qual os perigos eram tradicionalmente classificados com a ajuda de categorias filosóficas ou morais, como no neoplatonismo do Renascimento, é talvez o primeiro sinal de uma forte mudança dos comportamentos e das representações.

Mas o corpo pode também revelar a emoção mais sincera, produzida pela identificação com um texto que procura um conhecimento pragmático das coisas e dos seres, e interioriza, na evidência do sentimento, a partilha entre o bem e o mal. É uma perturbação dos sentidos como essa que produz, para Diderot, a leitura de Richardson (Chartier, 2005:155-175). Ele descreve, assim, sua emoção com a leitura do relato do enterro de Clarissa em uma carta a Sophie Volland de 17 de setembro de 1761:

> Somente então meus olhos se encheram de lágrimas; eu não podia mais ler; levantava-me e me punha a lamentar, a interpelar o

irmão, a irmã, o pai, a mãe e os tios, e a falar em voz alta, para o grande espanto de Damilaville, que não compreendia nada nem de meu transporte nem de meus discursos, e que me perguntava a quem eu chamava.

Alguns meses mais tarde, no *Éloge de Richardson* que redigiu para o *Journal Étranger*, é a esse mesmo Damilaville que atribui as reações que haviam sido as suas:

> Eu estava com um amigo quando me entregaram o enterro e o testamento de Clarisse, dois trechos que o tradutor francês suprimiu, sem que se saiba o motivo. Esse amigo é um dos homens mais sensíveis que conheço e um dos mais ardentes fanáticos de Richardson: pouco falta para que seja tanto quanto eu sou. Pois que ele se apropriou dos cadernos, retirou-se em um canto e os leu. Eu o examinava: primeiro o vi cair no choro; logo interrompe-se e soluça; de repente se levanta, anda sem saber aonde vai, solta gritos como um homem desolado e direciona os xingamentos mais amargos a toda a família dos Harlowes.

Movimentos do corpo e da alma sempre mais violentos acompanham a irrepreensível perturbação que invade o leitor, os choros, os soluços, a agitação, os gritos e, finalmente, as imprecações, manifestando, assim, segundo a bela forma de Jean Starobinski (1976:364-378), que "a energia da qual o romance é fonte pode ser integralmente revertida sobre a vida real".

No entanto, nem todos os leitores de Richardson compartilham necessariamente a emoção que aponta Damilaville ou Diderot. Este último encena, em seu *Éloge de Richardson*, uma leitora malvada que ri ali onde todos choram, e mantém-se insensível às infelicidades de Clarissa. A pequena ficção da leitora indiferente foi, talvez, construída por Diderot a partir de uma carta autêntica, seja de Sophie Volland evocando sua mãe, seja, mais possivelmente, de Madame d'Epinay. Indica, primeiro, que entrar na comunidade dos leitores de Richardson não é algo feito para todos — ou todas. Só os seres sensíveis e bons, que reconhecem seus semelhantes nos personagens virtuosos dos romances, compõem essa sociedade harmoniosa em que os corações estão em correspondência e cada um se torna melhor. Mas diz também outra coisa: o possível desvio da leitura, a apropriação selvagem e desregrada do texto. As imposições explícitas ou escondidas, textuais ou materiais dos discursos não os preservam dos desvios não desejados. A história das leituras deve aproveitar-se da constatação de tais distanciamentos e considerar que, se o leitor é um efeito do texto, é também seu criador.

Entre as maquinarias dos discursos e as expectativas ou apropriações dos leitores, a correspondência não é obrigatória. Nessas discordâncias, o século XVIII é sem dúvida um exemplo pertinente. De um lado, pertence plenamente ao antigo regime tipográfico. Como nos séculos precedentes e em toda a Europa, a publicação dos livros é caracterizada pela existência de uma censura prévia, a dominação das livrarias sobre a atividade editorial e a estabilidade do trabalho no ateliê de imprensa, que desde o século XV impõe a limitação das tiragens, permite as correções sobre a prensa e atribui um papel essencial aos corretores e compositores na confecção do livro. Nesse sentido, bastante tipográfico, o século XVIII é mais próximo do tempo dos incunábulos do que daquele da dupla revolução, da impressão e da composição, que transformam profundamente ateliês e edição no século XIX.

Por outro lado, é no seio das fortes continuidades que nascem novas relações com a cultura escrita, que já são aquelas da modernidade. Em toda a Europa das Luzes, o crescimento da oferta impressa, a circulação dos livros proibidos, a multiplicação dos periódicos, o triunfo dos pequenos formatos e a multiplicação dos gabinetes literários e das sociedades de leitura, em que é possível ler sem comprar, permitem e impõem novas maneiras de ler. Algumas consomem com avidez e rapidez as numerosas impressões, novas e frequentemente efêmeras, propostas pelo comércio de livraria. O olhar do leitor se torna mais distanciado e mais crítico. A uma relação com o escrito comunitária e respeitosa opõe-se, assim, uma leitura feita de irreverência e de desenvoltura. Outras práticas impõem gestos bem diferentes, até contrários. O romance, como reinventado por Richardson e depois por Rousseau, apropria-se de seu leitor, o captura, governa seus pensamentos e suas condutas. É lido e relido, conhecido, citado, recitado. Seu leitor é invadido por um texto que o habita e, identificando-se com os heróis da história, é sua própria existência que ele decifra no espelho da ficção. Nessa leitura particularmente intensa, a sensibilidade inteira se encontra engajada.

A coexistência desses dois estilos de leitura, pelo menos nos meios sociais favorecidos, assim como as leituras contraditórias que possibilitam de um mesmo texto proíbem a afirmação — ou recusa — precipitada da realidade de uma "revolução" da leitura no século XVIII (Chartier, 1999:285-293). Além disso, o essencial não está talvez aí, mas sobretudo na constatação segundo a qual as leituras não podem ser deduzidas dos textos e o leitor identificado com aquele esperado pelos autores ou editores; elas são, entretanto, situadas em um conjunto de condições de possibilidade definidas em cada momento histórico pelas estratégias de escrita, pela própria materialidade dos textos e pelos horizontes de expectativa das comunidades de interpretação. Compreender como, em tempos e lugares diferentes, para gêneros e públicos diversos, cruzam-se essas necessidades impostas e as liberdades que permitem ou propõem é, sem dúvida, nossa primeira tarefa.

Referências

BARTHES, Roland. La mort de l'auteur. In: ____. *Le bruissement de la langue*. Essais critiques IV. Paris: Gallimard, 1984. p. 63-69. [tradução brasileira: A morte do autor. In: ____. *O rumor da língua*. Tradução de Mario Laranjeira. São Paulo: Martins Fontes, 2004. p. 57-64].

BLAIR, Ann. Humanist methods in natural philosophy: the commonplace book. *Journal of History of Ideas*, v. 53, n. 4, p. 541-551, 1992.

BORGES, Jorge Luis. El libro de arena. In: ____. *El libro de arena*. Madri: Alianza Editorial, 1997a. p. 130-137. [tradução brasileira: O livro de areia. In: ____. *O livro de areia*. São Paulo: Companhia das Letras, 2009. p. 100-105].

____. Nota sobre (hacia) Bernard Shaw. In: ____. *Otras inquisiciones*. Madri: Alianza Editorial, 1997b. p. 237-242. [tradução brasileira: Nota sobre (para) Bernard Shaw. In: ____. *Outras inquisições*. Tradução de Sérgio Molina. São Paulo: Globo, 2000. p. 138-141. (Obras completas de Jorge Luis Borges, v. 2)].

BOUZA, Fernando. *Corre manuscrito*. Una historia cultural del Siglo de Oro. Madri: Marcial Pons, 2001.

BOWERS, Fredson. Multiple authority: new problems and concepts of copy-text. *The Library*, Fifth Series, v. XXVII, n. 2, p. 81-115, 1972.

BRAIDA, Lodovica. Dell'almanacco all'agenda. Lo spazio per le osservazioni del lettore nelle guide del tempo italiane (XVIII-XIX seccoli). *Acme. Annali della Facoltà di Lettere e Filosofia dell'Università di Studi di Milano*, v. 41, n. 3, p. 137-167, 1998.

CHARTIER, Roger. Le commerce du roman. Les larmes de Damilaville et la lectrice impatiente. In: ____. *Inscrire et effacer*. Culture écrite et littérature (XIe-XVIIIe siècle). Paris: Gallimard; Seuil, Hautes Etudes, 2005. p.155-175. [tradução brasileira: O comércio do romance. As lágrimas de Damilaville e a leitora impaciente. In: ____. *Inscrever e apagar*: cultura escrita e literatura (XI-XVIII). São Paulo: Unesp, 2007. p. 251-284].

____. Livres, lecteurs, lectures. In: FERRONE, Vincenzo; ROCHE, Daniel (Dir.). *Le monde des lumières*. Paris: Fayard, 1999. p. 285-293.

FABRE, Daniel. Le livre et sa magie. In: CHARTIER, Roger (Dir.). *Pratiques de la lecture*. Paris: Payot, 1993. p. 231-263. [tradução brasileira: O livro e sua magia. In: ____. *Práticas de leitura*. Tradução de Cristiane Nascimento. São Paulo: Estação Liberdade, 1996. p. 201-208].

FISH, Stanley. *Is there a text in this class?*: the authority of interpretive communities. Cambridge, Mass.: Harvard University Press, 1982. [tradução francesa: *Quand lire c'est faire*. L'autorité des communautés interprétatives. Paris: Les Prairies Ordinaires, 2007].

GENETTE, Gérard. *Seuils*. Paris: Editions du Seuil, 1978. [tradução brasileira: *Paratextos editoriais*. Tradução de Álvaro Faleiros. São Paulo: Ateliê, 2009].

GOYET, Francis. *Le sublime du "lieu commun"*. L'invention rhétorique dans l'Antiquité et à la Renaissance. Paris: Champion, 1995.

GRAFTON, Anthony. Teacher, text, and pupil in the Renaissance class-room: a case-study from a Parisian college. *History of the Universities*, v. I, p. 37-70, 1981.

____. *The culture of correction in Renaissance Europe*. Londres: The British Libary, 2011.

GRAZIA, Margreta de; STALLYBRASS, Peter. The materiality of the Shakespearean text. *Shakespeare Quarterly*, v. 44, n. 3, p. 255-283, 1993. [tradução francesa: La matérialité du texte shakespearien. *Genesis*, n. 7, p. 7-27, 1995].

GREENBLATT, Stephen. *Shakespearean negotiations*: the circulation of social energy in Renaissance England. Berkeley: University of California Press, 1988.

GREG, W. W. The rationale of copy-text. *Studies in Bibliography*, n. 3, p. 19-36, 1950-51.

JAUSS, Hans Robert. L'histoire de la littérature: un défi à la théorie littéraire. In: ____. *Pour une esthétique de la réception*. Paris: Gallimard, 1978. p. 21-80.

____. *Literaturgeschichte als Provokation der Literaturwissenschaft*, Francfort, 1970. [tradução inglesa: Literary history as a challenge to literary theory. *New Literary History*, A Symposium on Literary History, v. 2, n. 1, p. 7-37; tradução brasileira: *A história da literatura como provocação à teoria literária*. Tradução de Sérgio Tellaroli. São Paulo: Ática, 1994. 78 p. (Temas, v. 36)]

LAQUEUR, Thomas. *Solitary sex*: a cultural history of masturbation. Nova York: Zone Books, 2003. [tradução francesa: *Le sexe en solitaire*. Contribution à une histoire culturelle de la sexualité. Paris: Gallimard, 2005].

LAZARILLO de Tormes. Introducción al... In: ____. Edição de Francisco Rico. Madri: Real Academia Española, 2011. p. 91-205. [tradução brasileira: LAZARILLO de Tormes. Tradução de Pedro Câncio da Silva. ed. bilíngue. São Paulo: Página Aberta; Brasília: Consejería de Educación de la Embaixada de España, 1992. (Coleção-Collección Orellana; 4)].

LOVE, Harold. *Scribal publication in seventeenth-century England*. Oxford: Oxford University Press, 1993.

MCKENZIE, D. F. *Bibliography and the sociology of texts*. Londres: The British Library, 1986. [reed.: Cambridge: Cambridge University Press, 1999; tradução francesa: *La bibliographie et la sociologie des textes*. Paris: Editions du Cercle de la Librairie, 1991].

____. The economies of print, 1550-1750: scales of production and conditions of constraint. In: CAVACICCCHI, Simonetta (Ed.). *Produzione e commercio della carta e del libro, sec. XII-XVIII*. Florença: Le Monnier, 1992. p. 389-425.

PARKES, Malcom. *Pause and effect*: an introduction to the history of punctuation in the West. Berkeley: University of California Press, 1993.

PETRUCCI, Armando. From the unitary book to miscellany. In: ____. *Writers and readers in Medieval Italy*: studies in the history of written culture. New Haven: Yale University Press, 1995. p. 1-18.

PRICE, Leah. *The anthology and the rise of the novel*: from Richardson to George Eliot. Cambridge: University Press, 2000.

RICHARDSON, Brian. *Print culture in Renaissance Italy*: the editor and the vernacular text, 1470-1600. Cambridge: Cambridge University Press, 1994.

ROJAS, Fernando de. *La Celestina*. Edição e estudo de Francisco J. Lobera e Guillermo Serés, Paloma Díaz-Mas, Carlos Mota e Iñigo Ruiz Arzálluz, e Francisco Rico. Madri: Real Academia, 2011.

SHERMAN, William H. *Used books*: marking readers in Renaissance England. Filadélfia: University of Pennsylvania Press, 2007.

STALLYBRASS, Peter. Little jobs: broadsides and the printing revolution. In: BARON, Sabrina Alcorn; LINDQUIST, Eric N.; SHEVLIN, Eleanor F. (Ed.).

Agents of change: print culture after Elizabeth L. Eisenstein. Amherst: University of Massachussetts Press, 2007. p. 340-367.

____; LESSER, Zachary. The first literary *Hamlet* and the commonplacing of professional plays. *Shakespeare Quarterly*, v. 59, n. 4, p. 371-420, 2008.

STAROBINSKI, Jean. "Se mettre à la place". (La mutation de la critique, de l'âge classique à Diderot). *Cahiers Vilfredo Pareto*, n. 38-39, p. 364-378, 1976.

TISSOT, Samuel. *De la santé des gens de lettres*. 1761. [Genève; Paris: Slatkine, 1981].

TROVATO, Paolo. "*Con ogni diligenza correto*". La stampa e le revisioni editoriali dei testi letterari italiani. Bolonha: Il Mulino, 1991.

VÍCTOR DE PAREDES, Alonso. *Institución y origen del arte fe la imprenta y reglas generales para los componedores*. Madri: El crotalón, 1984. [reed.: Madri: Calambur, 2002].

WENGER, Alexandre. *La fibre littéraire*. Le discours médical sur la lecture au XVIIIe siècle. Genève: Droz, 2007.

CAPÍTULO 2

Cartas da capital:
Sarmiento e suas ambivalências ante a realidade francesa[*]

Berthold Zilly[**]

> Gelöbnis. — Ich will keinen Autor mehr lesen, dem man anmerkt, er wollte ein Buch machen: sondern nur jene, deren Gedanken unversehens ein Buch wurden.
>
> Nietzsche, *Der Wanderer und sein Schatten*[1]

Uma viagem ao contrário: da periferia à metrópole[2]

[*] Este artigo dá prosseguimento a outro anterior: Zilly (2011:129-183). Agradeço a Claudia Silveyra D'Avila por suas críticas e sugestões. [Tradução de Ronald Polito, revista pelo autor].

[**] UFSC, Florianópolis (até 2010: FU Berlin; Universität Bremen).1 Nietzsche (1997: v. I, p. 925, aforismo n. 121). ("O Caminhante e sua sombra"; outra tradução: "O Viajante e sua sombra").

[1] Tradução da epígrafe: "Voto. — Já não quero ler nenhum autor, em quem se note que quis fazer um livro: mas somente aqueles cujas ideias inadvertidamente se transformaram em um livro". Essa citação também é a epígrafe do livro *7 Ensayos de interpretación de la realidad peruana* (Mariátegui, 1979:4).

[2] Em 28 de outubro de 1845 Sarmiento embarcou em Valparaíso com destino à França. Depois de breves estadias no Rio de Janeiro e em Montevidéu, chegou a Le Havre em 6 de maio de 1846. Permaneceu em Paris e arredores de 10 de maio até 12 de setembro do mesmo ano, seguindo para a Espanha. Dali seguiu para a Argélia, colônia francesa naquela época, onde esteve de 20 de dezembro até 10 de janeiro de 1847. Depois visitou Marselha, Gênova, Pisa, Roma, Nápoles, viajando depois a Suíça e a Alemanha, de onde voltou à França, passando por Holanda e Bélgica, chegando a Paris em 13 de junho, ficando até 31 de julho de 1847. Durante essa segunda temporada, de que não fala em *Viajes,* mas sim em seu "Diario de gastos", fez um discurso no Institut Historique de France. Depois de viagens por Inglaterra, Estados Unidos, Canadá, Cuba, Panamá, voltou ao Chile, chegando a Valparaíso em fevereiro de 1848 (Fernández, 1993; Sarmiento, 1993). Encerrou seus relatos em 12 de novembro de 1847, com a carta a seu amigo don Valentín Alsina exilado em Montevidéu, ao embarcar em Nova Orleans para Cuba, onde ficou cerca de um mês, sem publicar nada sobre sua estadia naquela ilha.

Domingo Faustino Sarmiento (1811-88) foi não somente um dos primeiros viajantes sulamericanos a escrever relatos sobre a Europa para um público amplo, mas, o que era mais raro ainda, ele a visitou como pesquisador.[3] À diferença dos viajantes europeus fora da Europa, não se dedicou às ciências naturais ou à antropologia, mas aos estudos pedagógicos. Enviado pelo governo chileno, mais exatamente pelo ministro da instrução pública, seu amigo Manuel Montt, que seria mais tarde presidente do Chile, o jovem jornalista e educador argentino, também futuro presidente de seu país, devia recolher materiais e conhecimentos sobre sistemas e métodos de ensino em diversos países da Europa e da América do Norte, especialmente sobre a educação básica e a formação de professores primários, elaborando a seu regresso propostas para reformar o ensino público no Chile.

Missão esta que correspondia aos profundos anelos de Sarmiento. Pois o grande projeto que o animava, como a todos os republicanos e progressistas na América hispânica, era a construção de um moderno Estado nacional civilizado, conforme o ideário republicano francês e norte-americano. E para isso era preciso "educar o soberano", segundo o famoso lema sarmientino, ou seja, instruir o povo formalmente emancipado para que este pudesse emancipar-se de verdade, passando a constituir uma sociedade de cidadãos formados e informados, maduros, críticos, capazes de participar ativamente na *res publica*, na causa pública, nos assuntos de todos, na educação, no mercado nacional e internacional, na gestão do município e do Estado, conforme modelos esclarecidos e burgueses.[4] Por conseguinte, era preciso criar e desenvolver especialmente duas instituições, fundamentais para a democracia desejada: a escola para os jovens, e a imprensa para os adultos — justamente os campos de máximo interesse, talento e paixão do fervoroso liberal que era Sarmiento.

A crença no projeto republicano foi o que fez dele um refugiado. No contexto argentino, era adepto dos unitários que acreditavam poder realizar seu ideário cosmopolita, iluminista, modernizador somente com uma política centralizadora desde Buenos Aires, para impor reformas civilizadoras contra o — real ou suposto — atraso do interior. Por-

[3] Sobre viajantes ibero-americanos na Europa naquela época, ver Sanhuesa (2007).
[4] Sarmiento (2001:81). Já em seus primeiros artigos, quando tinha 18 anos, reivindicava a escola primária para todos, independentemente de sexo, classe ou raça (Sarmiento, *El Zonda*; ver nota 66 do presente ensaio).

tanto, Sarmiento era inimigo dos federais, nacionalistas, protecionistas, autoritários, defensores das autonomias provinciais contra a hegemonia portenha, aliados da Igreja, seguidores de tradições tanto populares e regionais como espanholas, dos tempos coloniais. E era inimigo do chefe supremo dos federais, Juan Manuel de Rosas,[5] que com seus métodos ditatoriais, seu sistema de terror e sua retórica gauchesca-nacionalista estava unificando a Argentina, contrariamente à sua própria ideologia federalista, de uma maneira muito mais radical que a planejada pelos unitários, em grande parte letrados, profissionais liberais, militares, mas também agricultores e empresários.[6]

---

[5] Rosas foi governador da província de Buenos Aires (1829-32), permanecendo o homem mais poderoso da Argentina depois de sair do cargo; o período de seu poder absoluto foi entre 1835, quando assumiu novamente o governo de Buenos Aires, e 1852, quando perdeu a batalha de Caseros, contra o Exército Grande, comandado por Urquiza, governador de Entre Ríos, antigo aliado de Rosas. Contra a ideologia federalista de seu próprio partido, "O Restaurador das Leis", como Rosas se denominava, centralizou o país e fortaleceu a hegemonia de Buenos Aires, à custa das outras províncias, o que provocou a longo prazo resistências até entre seus aliados, especialmente em Corrientes e Entre Ríos. Rosas, além de ser governador da província de Buenos Aires, atuou como Encarregado das Relações Exteriores da Confederação Argentina, nome oficial do Estado dominado por ele (e não: República Argentina, nome usado e propagado pelos unitários). Formalmente, nunca foi nem quis ser presidente, título que lhe soava republicano demais. A partir de 1851, Urquiza formou uma coalisão de federais descontentes, unitários, uruguaios, apoiados pelo governo brasileiro, que derrotou o regime rosista em 1852.

[6] "O grande paradoxo é que, na realidade, as posições dos unitários e federais não foram claras, e que em muitos casos se encontram unitários subscrevendo princípios federais ou federais atuando com certo sentido centralizador. Pareceria como se a afiliação a uma ou outra facção, além dos grupos de interesse mencionados, irradiasse de princípios iluministas imitados ou então de filiações de parentesco, clientelismo localista, personalismo ou casualidade histórica" (Operé, 2011). Essa falta de claras distinções concerne sobretudo aos interesses socioeconômicos, pois na prática os dois agrupamentos favoreciam a grande propriedade rural e a exportação de matérias-primas, principalmente de carne salgada e de minerais. As diferenças eram mais socioculturais e simbólicas; os unitários tinham suas bases majoritariamente na população urbana, os letrados, de classe média; e os federais entre os estancieiros do interior e os pobres do campo e da cidade, inseridos em relações de dependência clientelista ou clerical. As oposições regionais eram mais importantes do que as de classe, basicamente Buenos Aires *versus* interior, além dos interesses particulares de Rosas e de seus aliados, que não defendiam necessariamente os de estancieiros e exportadores de outras províncias. As ideologias dos dois grupos beligerantes tinham pouco a ver com suas práticas; por exemplo, Rosas, estancieiro e empresário milionário, praticou, apesar de sua retórica nacionalista e protecionista, uma política de inserção da Argentina no mercado mundial e de cooperação com o capital inglês, de modo não muito distante das posições dos unitários, que eram abertamente livre-cambistas. Estes, quando tinham o poder, usavam, ao combater seus inimigos,

Sarmiento viajou para a Europa em fins de outubro de 1845, embarcando no Chile — onde havia vivido como exilado de 1831 a 1836, perseguido pelo caudilho *riojano* Juan Facundo Quiroga, e desde 1840, perseguido por Rosas, o caudilho dos caudilhos argentinos — e regressando ao país em fevereiro de 1848. Foi refugiado ou perseguido por mais de duas décadas, até depois do fim da ditadura de Rosas em 1852. Como o Ulisses de Homero, errando por mares e continentes, foi nômade durante grande parte de sua vida, e parecido com ele, sempre desejou voltar à sua terra para ocupar o lugar que, em sua opinião, lhe competia, junto à sua bem amada, a nação argentina.[7]

Pouco antes de partir para a Europa, em julho de 1845, Sarmiento havia publicado uma série de artigos, no jornal chileno *El Progreso*, reunidos imediatamente em um livro: *Civilización y barbarie. Vida de Juan Facundo Quiroga*, ensaio histórico, biográfico, antropológico e político sobre as raízes, convulsões e evoluções da nascente nação argentina, guerras civis e planos de reconstrução democrática depois da

---

métodos quase tão bárbaros quanto Facundo e Rosas, e apesar de sua propagação ideológica da pequena e média empresa agrícola e industrial, favoreceram na prática a oligarquia criadora de gado e exportadora. Se ambos os grupos defendiam de fato os interesses dos terratenentes, por outro lado, os modelos e ideais sociopolíticos-culturais e as respectivas ideologias eram diferentes: os unitários desejavam uma sociedade formalmente democrática, divisão dos poderes, ampla esfera pública, instrução para todos, imprensa livre, separação de Estado e Igreja; enquanto o modelo social dos federais era semifeudal, clientelista, autoritário, clerical, modernizador somente na esfera econômica e administrativa, apegado à família, a costumes e tradições espanhóis e regionais. Os dois grupos no fundo excluíam e combatiam tanto os índios como os gaúchos livres, dizimando os primeiros e tratando de transformar os segundos em meros peões, como o praticava o próprio Rosas em suas estâncias, apesar de sua retórica populista e gauchesca. Zubizarreta, por outro lado, ressalta que os unitários não estavam sem apoio por parte das camadas subalternas, inclusive no campo (Zubizarreta, 2011, especialmente p. 356-373). A guerra propagandística entre as duas facções continuou, durante o período rosista, em nível americano e europeu, especialmente no Chile, Uruguai, Brasil, França e Inglaterra, de modo que as viagens de Sarmiento devem ser vistas também nesse contexto internacional.

[7] O próprio Sarmiento, adotando uma palavra de seu amigo Juan María Gutiérrez, chamou seu *Facundo* de "minha Odisseia", insinuando certa identificação entre o livro, impresso e distribuído no exílio, as intermináveis guerras civis narradas nele, a vida de seu autor e talvez as vicissitudes da nação (Zanetti, 1993:489). Passou quase 25 anos no Chile (ibid., p. 482), além dos dois anos e meio que durou sua viagem pela Europa, Argélia e Estados Unidos. Posteriormente, passou três anos nos Estados Unidos, como embaixador da Argentina, de 1865 a 1868.

desejada queda do ditador.[8] Este livro, circunstancial como mais tarde *Viajes*, concebido como libelo contra o retardo econômico, tecnológico, político nas zonas de criação de gado, e contra o poder arbitrário dos caudilhos, possuía além disso qualidades de um romance, com matizes ora épicos, ora líricos ou dramáticos. O *Facundo*, texto aparentemente disforme, híbrido, impregnado pelas ideias da ilustração e pela estética do romantismo, incoerente, cambiante, proteico — como seu autor —, se tornou um clássico da literatura e do pensamento social e histórico da América Latina,[9] um manifesto reformista, quase messiânico, do liberalismo argentino, mas também do orgulho americano e patriótico do autor, além de ser um monumento, uma homenagem crítica e ambivalente, ao gaúcho como emblema da argentinidade.[10]

O eterno conflito entre os letrados unitários e os caudilhos federais ia assumindo, na visão de Sarmiento, o caráter de uma guerra por princípios políticos e filosóficos — progresso, liberdade, justiça. Uma cruzada secular, intolerante, quase maniqueísta, contra o que entendia por "barbárie", que também impregna seus outros escritos, nomeadamente *Viajes* (Rojas, 1951:219). Este último livro alude diversas vezes

---

[8] Sarmiento modificou diversas vezes o título, o prólogo, o número de capítulos, os apêndices e as notas de pé de página do *Facundo*. Na primeira edição em livro, de 1845, em Santiago do Chile, o título rezava: *Civilizacion i barbarie. Vida de Juan Facundo Quiroga. I aspecto físico, costumbres, i abitos de la Republica Arjentina*. A quarta edição, de 1874, era intitulada *Facundo ó Civilizacion i barbarie en las pampas argentinas*. Uma relação das edições do *Facundo* publicadas em vida do autor em Sarmiento (1985:LIII e ss.); Cabo e Nijensohn (2012:728 e ss.).

[9] Os termos "América Latina", "latino-americano", ou "Ibero-américa", "ibero-americano" ainda não eram usuais; Sarmiento usa "Sud-América" [Sul-América], também "América del Sud" [América do Sul], e "sud-americanos" [sul-americanos], ou "América" e "americanos", quando fala do subcontinente e de seus habitantes. O que hoje em dia se entende geralmente por "americano", em Sarmiento aparece como "norte-americano".

[10] Sobre a importância, na Argentina até hoje em dia, do *Facundo* e de seu modelo dicotômico de interpretação da história e da realidade política, ver Jitrik (1985); Shumway (1991); Svampa (2006); Amante (2012). Sobre sua importância geral para a história das ideias no plano internacional, ver González Echevarría (2003:1), que o chama "*the first Latin American classic and the most important book written by a Latin American in any discipline or genre*". Ver a coleção de ensaios *Sarmiento*, um livro monumental de mais de 800 páginas, parte da "*Historia crítica de la literatura argentina*", quarto volume (Amante, 2012), com diversos estudos sobre o *Facundo*. Sobre a leitura de *Facundo* por outro grande intérprete da América Latina, Euclides da Cunha, ver Gárate (2001), Zilly (2001). Sobre as ambivalências com respeito à barbárie, ao gaúcho, ao colonialismo, ver Saer (1993, especialmente p. XIV-XV).

ao *Facundo*, onde o autor já deixou entrever seu desejo de viajar para a França, enquanto mais tarde o próprio *Facundo*, em sua segunda edição, de 1851, acolhe algumas ideias de *Viajes*, de modo que os dois livros dialogam entre si.[11]

O polêmico jornalismo antirrosista de Sarmiento começava a ser um incômodo para o governo chileno, ameaçando criar atritos diplomáticos com o país vizinho, de modo que a viagem à Europa foi uma elegante solução para o problema, pois assim o prestigioso hóspede ia prestar um grande serviço tanto a seus anfitriões como a si mesmo. Seria a satisfação de anseios cognitivos, afetivos, estéticos, ferramenta também para sua ambicionada carreira como líder da oposição argentina na diáspora. Foi, portanto, um exílio voluntário dentro de um exílio forçado, e uma volta à semente, ao berço da civilização da qual Sarmiento se sentia profeta. Mais tarde, em virtude de tantas andanças e erranças por três continentes, o viajante teria adquirido a maturidade suficiente para assumir seu papel predestinado de esposo e líder da nação republicana, liberada da ditadura rosista.

Esse autodidata de curiosidade desmesurada, não contente com o cumprimento de sua missão oficial de investigação pedagógica, aproveitou, portanto, a viagem de serviço para combiná-la com outro tipo de viagem: de autoformação, de autoaperfeiçonamento, de desenvolvimento psicológico, intelectual e estético de sua personalidade, melhorando também sua capacidade de divertir-se sofisticadamente. E convidou seus amigos e leitores a participar deste processo de aprendizagem, por meio de cartas escritas a partir dos lugares visitados, publicadas na imprensa e reunidas mais tarde no livro *Viajes*.[12] A excursão por Europa, Norte da África e América do Norte significou para Sarmiento,

[11] Ver, por exemplo, uma nota de rodapé na segunda edição, de 1851, incorporada em edições posteriores, que se refere à viagem pela Argélia e às semelhanças entre os argentinos e os árabes (Sarmiento, 1874:41).

[12] *Viajes en Europa, Africa i América*. Santiago: Imprenta de Julio Belin, 1849-51. 2 t. O primeiro volume é citado Sarmiento (1849a). A edição crítica (Sarmiento, 1993) apresenta o título com outra preposição: *Viajes por Europa, Africa i América 1845-1847*, uma diferença não esclarecida pelos editores. "Por" realça a ideia de travessia, de passagem, de trânsito, de um destino posterior, e de regresso, sendo mais dinâmico do que "em", que por sua vez faz pensar numa estadia mais demorada e mais concentrada nas regiões visitadas, sem pressa para seguir a outras e para voltar ao ponto de partida.

junto com suas pesquisas oficiais, o que na história da cultura alemã foi a *Bildungsreise*,[13] viagem de educação e formação, empreendida por jovens burgueses, às vezes também pequeno-burgueses, nos séculos XVIII e XIX, uma aprendizagem mediante a observação de outras vidas, políticas e culturas, cujo grande modelo foi a viagem de Goethe à Itália, 1786-87, igualmente relatada em cartas transformadas em um livro, ainda que muito mais estilizada e poetizada.

A postura de Sarmiento nestes textos oscila entre curiosidade descobridora, autorrepresentação, didatismo, divertimento, ambição literária. O mundo é para ele uma exposição e um teatro, oferecendo-lhe cada dia novas imagens e cenas, cheias de entretenimentos e ensinamentos, que pedem para ser transformadas em textos.[14]

---

[13] A comparação da viagem de Sarmiento com o tradicional *grand tour* como aperfeiçoamento da educação de um jovem cavalheiro da aristocracia ou alta burguesia pode mostrar afinidades, mas principalmente diferenças (cf. Torre, 2012:464). Pois Sarmiento, que não era da nobreza nem da alta burguesia, nem da classe latifundiária, tinha o *habitus* de um pequeno-burguês e de um *self-made man*, desejando ascender socialmente por seus próprios esforços e méritos, conforme seu grande modelo Benjamin Franklin. Diferentemente dos membros da *jeunesse dorée*, não teve quase nenhuma educação formal que seria coroada pelo *grand tour*, nem mentor ou preceptor para preparar e realizar a viagem, e era mais velho do que os típicos cavalheiros viajantes. Se era discípulo, era-o de si mesmo, sendo seu próprio mentor, professor, preceptor. Era produto não somente de sua socialização e de suas circunstâncias, mas também de suas próprias aspiração e ambições. Ninguém o enviou, nem seus pais, nem parentes, nem sua classe social, nem foi convidado por membros das elites estrangeiras. Se a viagem foi uma incumbência do governo chileno, isso somente se refere a suas investigações pedagógicas, e não à configuração da viagem como um todo, nem às suas cartas e ao livro. A viagem de formação que Sarmiento planejou e empreendeu corresponde mais àquilo que na tradição alemã se denomina *Bildungsreise*, contrapartida burguesa do *grand tour*, ainda que as diferenças em casos concretos possam ser pouco nítidas. Mas são bastante claras no caso de Sarmiento, pois ele buscou o desenvolvimento de sua personalidade de forma bem mais racional e autônoma do que os viajantes do *grand tour*, e como parte de sua carreira como educador, jornalista, político. Sarmiento se apresentou como líder intelectual e político, conversando quase de igual para igual com o chanceler e com o líder da oposição na França, com o papa em Roma, com o ministro prussiano da instrução em Berlim, e outras sumas autoridades. Diferentemente dos realizadores do *grand tour*, que não precisavam trabalhar realmente na vida, antes ou depois da viagem, e muito menos durante ela, Sarmiento sempre teve que trabalhar para seu sustento, inclusive durante a viagem. O que tampouco pertenceria a um *grand tour*, que normalmente enfocava atrações culturais e estéticas, especialmente na Itália, foi sua excursão à Argélia, que não era apenas uma aventura insólita, mas tinha também elementos de uma pesquisa etnográfica e política.

[14] Sarmiento escreveu vários tipos de textos acerca de sua viagem: 1. As cartas-relatos que são objeto deste artigo; 2. o "Informe al ministro de Instrucción Pública", 1848,

Para uma poética do relato de viagem

Ofereço a meus amigos, nas páginas seguintes, uma miscelânea de observações, reminiscências, impressões e incidentes de viagem, que pedem toda a indulgência do coração, para ter à risca a merecida crítica que sobre sua importância não deixará de fazer o juízo desprevenido. Sabem eles que em fins de 1845 parti do Chile, com o objetivo de ver por meus olhos, e de apalpar, por assim dizê-lo, o estado do ensino primário, nas nações que fizeram dele um ramo da administração pública. O fruto de minhas pesquisas virá bem rápido à luz; mas deixava esta tarefa, árida por demais, vazios em minha existência ambulante, que preenchiam o espetáculo das nações, usos, monumentos e instituições, que ante meu olhar caíam sucessivamente, e de que quis fazer na época abreviada resenha para meus amigos, ou de que guardei anotações e lembranças, a que agora dou a possível ordem, na coleção de cartas que em seguida publico. [3][15]

e outros escritos sobre sistemas escolares na Europa e na América do Norte, dos quais resultou o livro *De la educación popular* (1849b) e mais tarde também *Memoria sobre educación común* (1856); 3. um "Diario de gastos", escrito em francês durante sua estadia na França e na Argélia, e em espanhol durante suas viagens nos outros países, algumas vezes em inglês na Inglaterra, mas com visíveis dificuldades linguísticas, um registro bastante meticuloso, semelhante a anotações de um contador, permitindo-lhe administrar cuidadosamente seus modestos meios financeiros, para obter o máximo lucro em termos de experiência cognitiva, estética e sensorial com um mínimo de gastos; assim o leitor de hoje pode rastrear quase cada passo e cada despesa do autor durante suas viagens, até esmolas, cigarros, bons vinhos, "*quête des musiciens*", "*des fraises*", "*gants blancs pour aller dîner chez Mr. Lelong*", "*parfumerie*", "*coiffure et barbe*" etc., e também diversas vezes "*une orgie*" e "*une bêtise*", ou seja, gastos para sua aparência, prazeres, inclusive aventuras eróticas; 4. o discurso de recepção como membro do Institut Historique de France, sobre o famoso encontro, em 1822, entre San Martín e Bolívar em Guayaquil, texto traduzido ao espanhol e publicado, em 1848, no Chile, sendo a terceira edição desse discurso publicada como apêndice do segundo tomo de *Viajes*, em 1851; 5. cartas escritas durante a viagem mas não integradas em *Viajes* e não publicadas naquela época; por exemplo, mandou uma carta para Manuel Montt, de Paris, em 25 de junho de 1846, de caráter mais burocrático e político (ver Sarmiento, *Correspondencia entre Manuel Montt y Domingo Faustino Sarmiento*. Durante e logo depois da viagem, escreveu também outros textos, ver Fernández (1993:1103-1104).

[15] Sarmiento tentou, para facilitar e democratizar a alfabetização, introduzir uma ortografia mais racional e, portanto, mais próxima da realidade fonética do castelhano na América hispânica, publicando suas primeiras obras de acordo com sua reforma. Esta, ainda que adotada, com algumas modificações, pelo Estado chileno

No prólogo do livro, escrito depois de suas viagens, Sarmiento alude à recentíssima Revolução de 1848 na França e em outros países europeus, parecendo atribuir, retroativamente, a suas observações sobre a Europa um caráter profético, o que é exagerado, mas não absurdo, pois realmente vislumbrou insatisfações populares em diversos países, sem se interessar muito por elas e sem prever revoltas. Mais importantes e agudas são as reflexões que tece sobre as expectativas dos leitores, as tradições literárias em que se incluiria seu livro, e sobre as relações entre o conteúdo e a forma desse tipo de relato:

> A *viagem escrita*, a não ser em prosseguimento de algum tema científico, ou fazendo exploração de países pouco conhecidos, é matéria muito manuseada já, para entreter a atenção dos leitores (3).[16]

Não se tratava de escrever um relato sobre países desconhecidos, eventualmente com achados espetaculares ou aventuras exóticas, porque o factual já estava escrito e conhecido:

> A descrição carece pois, de novidade, a vida civilizada reproduz em todas as partes os mesmos caracteres, os mesmos meios de existência; a imprensa diária revela tudo; e não é raro que um homem estudioso, sem sair de seu gabinete, deixe imóvel o viajante sobre as coisas mesmas que ele acreditava conhecer bem pela inspeção pessoal. [4]

Quando se escreve sobre a Europa, não é fácil captar a atenção dos leitores, basicamente por duas razões: primeiro porque as regiões do mundo civilizado vão perdendo suas diferenças, tornando-se cada vez mais homogêneas, privando as viagens de seus aspectos novos, imprevistos, sensacionais. A crescente uniformização das diferentes culturas e

durante algum tempo, não se impôs, sendo abandonada mais tarde pelo próprio autor. A edição de *Viajes* citada no presente artigo respeita a ortografia sarmientina, reproduzida pela edição crítica (Sarmiento, 1993). As outras citações reproduzem a ortografia da sua fonte, de modo que palavras citadas, ainda que idênticas, podem aparecer em grafias diferentes.

[16] Na metonímia "viagem escrita", o livro aparece como transubstanciação da viagem.

nações é tema importante nas reflexões desse pensador iluminista, uma tendência histórica por ele aplaudida e apoiada, do ponto de vista ideológico, mas implicitamente deplorada e criticada, de um ponto de vista poético. Seus escritos mais lidos, mais comentados, mais traduzidos, até hoje, são documentos e estilizações da vida justamente 'incivilizada', são testemunhos e reconfigurações de realidades, mentalidades e artes caracterizadas pela outridade, pela diferença, pela resistência à homogeneização global.

Por outro lado, o que ainda restava aos países civilizados de específico, de novo, de não uniformizado, estava sendo divulgado mundialmente por meio de periódicos ou guias de turismo. Como evitar que o autor descrevesse e narrasse o que seu leitor já poderia saber, através de outros autores e outros meios de informação? Como captar seu interesse em relatos sobre andanças por realidades pouco novas, pouco aventureiras, pouco espetaculares? Sarmiento sugere uma solução aparentemente simples e não sujeita a convenções, ou seja, relatar e narrar com veracidade, sem pretensões sistemáticas e metódicas, a percepção e interpretação da viagem pelo sujeito viajante, *in actu* e *in loco*. A viagem aparece marcadamente como processo aberto, inacabado, legível como um romance de folhetim com desenlace imprevisível, com trama publicada em capítulos por diversos jornais, organizados finalmente em forma de livro. E o novo talvez não sejam tanto os fatos, as imagens e as cenas, mas a maneira como são vividas, descritas, narradas, sob o impacto do encontro que o sujeito viajante tem com a realidade viajada.

De modo geral, o processo civilizatório — com o comércio internacional, a homogeneização do mundo material e imaterial, a domesticação da natureza e dos afetos humanos, a regularização das relações sociais, a eliminação de muitos perigos, o combate a superstições, lendas, mitos, a facilidade das comunicações, a rotina e previsibilidade do dia a dia, o desaparecimento do maravilhoso — se apresenta como um processo de desencantamento e despoetização, deplorado por poetas românticos e analisado por sociólogos, como Max Weber ou Georg Simmel. Depois de elogiar e citar um poema de Esteban Echeverría sobre o Rio da Prata, Sarmiento constata, com uma mistura de satisfação e insatisfação, a não poeticidade de rios 'civilizados':

> O Hudson ou o Tâmisa não podem ser cantados assim, os vapores que fendem suas águas, as barcas carregadas de mercadorias, aquele formigar do homem, forradas suas plantas por muros, não deixa ver esta solidão do Rio da Prata, reflexo da solidão do pampa [...]. Não há estaleiros, nem vida, nem homem, há só a natureza bruta, tal como saiu das mãos do Criador [...] (55).

Assim, a Europa e os Estados Unidos oferecem poucos quadros grandiosos, sublimes, dignos de ser descritos, e poucas aventuras assombrosas, dignas de ser narradas, poucos lugares solitários e poeticamente inspiradores, diferentemente do que parecem desejar os leitores. Como outros escritores resolveram esse problema?

> As *impressões de viagem*, tão em voga como leitura amena, foram exploradas por penas como a do criador inimitável do gênero, o popular Dumas, que com a privilegiada facúndia de seu espírito, revestiu de cores vivazes tudo o que caiu sob sua inspeção, formoseando seus quadros quase sempre com as ficções da fantasia ou então apropriando-se de acontecimentos dramáticos ou novedosos ocorridos muitos anos antes que outros, e conservados pela tradição local; a ponto de não se saber se o que se lê é um romance caprichoso ou uma viagem real sobre um ponto edênico da terra. Quão belos são os países assim descritos, e quão animado o móvel e corredio panorama das viagens! [3]

Diante dos relatos de um famoso autor contemporâneo, Alexandre Dumas (pai), Sarmiento assume uma posição ambivalente.[17] Admira a vivacidade e a plasticidade de seus quadros, a versatilidade e o virtuosismo de seu estilo e pensamento, mas em suas palavras de elogio se mescla algum distanciamento crítico; pois lhe reprocha a poetização

[17] Alexandre Dumas (pai) chamava seus relatos sobre a Itália, Suíça, Alemanha, Rússia e outros países do Velho Mundo de "impressões", o que aparecia no título ou subtítulo de seus respectivos livros, por exemplo, *Excursions sur les bords du Rhin: impressions de voyage*, de 1838. Sarmiento leu também relatos de Constantin François Volney, Mme de Staël, Victor Hugo, Chateaubriand, Francis Bond Head, Joseph Andrews e outros, que cita no *Facundo* e em *Viajes*. Mas é a Dumas que o autor-viajante mais se refere. Ver também suas observações 'poetológicas' na carta que escreve de Orã (170).

de realidades pouco poéticas, ou seja, certa falta de realismo, de confiabilidade, de veracidade. O que a realidade retratada prescinde de comovedor Dumas o compensaria por um estilo exagerado, hiperbólico, sobrecarregado, colorindo o que não é colorido, poetizando o que não é poético, dramatizando o que não é dramático. Se Sarmiento critica as "impressões de viagem" do colega francês, não rejeita as impressões como tema e método do relato, nem reivindica uma literatura meramente objetiva, factual, sóbria, mas pretende, a partir de sua própria "inspeção", visão e vivência do país estrangeiro, criar uma literatura mais realista e mais sincera, assumindo um compromisso com o leitor com respeito à verdade.

E a chave para isso é uma radical subjetividade, impregnada de amplos conhecimentos sobre a realidade 'objetiva' e uma grande capacidade reflexiva, mais associativa que analítica. Na carta a seu amigo Antonino Aberastain, esboça o efeito sinestético que quer exercer sobre o leitor: "Talvez [eu] não acerte em dar ao Sr. uma ideia de Paris tal que possa apresentá-la ao espírito, tocá-la, senti-la agitar-se, formigar" (101). O que quer transmitir é uma ideia, uma sensação quase plástica, viva, sensorial da cidade como organismo em ação, movimentação pública, fluxo de vida. Geralmente não descreve com exatidão os aspectos exteriores de pessoas, objetos e edifícios, de modo que se um pintor quisesse representar os quadros descritos e as cenas narradas por Sarmiento teria poucos dados como base. Mas sabe evocar com vivacidade o impacto de uma cena no narrador em primeira pessoa, um eu que faz parte de uma comunidade de amigos e correligionários.

É interessante notar que Sarmiento, autor pouco conhecido de um rincão remoto do mundo, se ponha ao nível do mundialmente famoso Dumas, dando-lhe de certa maneira uma lição, pois afirma ter clara consciência 'poetológica' acerca da relação entre estilo e assunto, também entre relato, tipo da viagem relatada e região visitada. Textos escritos com "privilegiada facúndia", "cores vivazes" e "fantasia", cheios de "acontecimentos dramáticos" não lhe parecem adequados quando se escreve sobre a Europa, sobre a vida civilizada. Passagens escritas com esses recursos se encontram também em textos de Sarmiento, mas somente naqueles que tratam de viagens por regiões e culturas ignotas, selvagens, extraeuropeias.[18] Um estilo emocionado e emocionante, com elementos hiperbólicos, patéticos e até ficcionais, é apropriado quando se escreve sobre realidades profundamente diversas das europeias, como o Pampa, já que o interior da América do Sul está fora da influência homogeneizadora da Civilização, e fora da observação de jornalistas e autores de guias turísticos, uma terra menos investigada, segura, organizada que a Europa, e justamente por isso excepcional, imensa, terrível, original, sublime, ou seja, poética:

> Existe, pois, um fundo de poesia que nasce dos acidentes naturais do país e dos costumes excepcionais que engendra. A poesia, para despertar-se (porque a poesia é como o sentimento religioso, uma faculdade do espírito humano), necessita do espetáculo do belo, do poder terrível, da imensidão, da extensão, do vago, do incompreensível [...] A solidão, o perigo, o selvagem, a morte! Eis já aqui a poesia: o homem que se move nestas cenas, se sente assaltado de temores e incertezas fantásticas, de sonhos que o preocupam acordado. [...] Daqui resulta que o povo argentino é poeta por caráter, por natureza. [*Facundo*, 40-41; ver tb. *Viajes*, 55-56]

Essa poeticidade do interior 'incivilizado' confere à Argentina — como a todas as regiões "selvagens" — certa superioridade sobre a Europa como destino de viagem e assunto de relato, do ponto de vista de sua literariedade, ou seja, de sua descritibilidade, narrabilidade, força de inspiração literária. O pampa facilita ao escritor sua tarefa, convidando-o a escrever romântica e hiperbolicamente, com mais direito que Dumas assim escrevendo sobre a Europa. O atraso é uma desvantagem prática, mas uma vantagem poética, pois as paisagens do interior argentino, justamente por não serem civilizadas, são tão fascinantes, espantosas e maravilhosas que obrigam o Sarmiento-escritor a escrever um cântico exaltado sobre o pampa e o gaúcho, homenageando, não sem ingredientes ficcionais, uma região e um tipo humano que o Sarmiento-ideólogo

[18] Uma aventura tal foi a travessia de Palma de Maiorca a Argel e a viagem dentro da Argélia (169 e ss.). Por outro lado, uma vez que Sarmiento, na Argélia, quase sempre se manteve ao lado dos colonizadores franceses, sem muitos perigos e surpresas, essas passagens não têm o vigor poético de suas narrações sobre o pampa e os gaúchos.

sempre denegriu e condenou à extinção. Além disso, o imaginário, as letras, as artes da nascente nação necessitam de traços próprios, particulares, inconfundíveis; mas onde encontrá-los? Na barbárie, de modo que o gaúcho e sua suposta selvageria garantem a grandeza e a originalidade da literatura argentina, o que legitima livros como o próprio *Facundo*:

> Do centro destes costumes e gostos gerais se levantam especialidades notáveis, que um dia embelezarão e darão uma tintura original ao drama e ao romance nacional (*Facundo*, 43).[19]

Além do problema da narrabilidade de uma viagem na Europa, ou seja, em regiões bastante homogêneas e conhecidas, há outro problema poetológico: a relação entre a origem do autor e a região do mundo por ele visitada, o que implica uma perspectiva insólita:

> Se isto [certa falta de novidade nos relatos de viagem] ocorre de ordinário, ainda maior se faz a dificuldade de escrever viagens se o viajante sai das sociedades menos adiantadas, para dar-se conta de outras que o são mais. Então se sente a incapacidade de observar, por falta da necessária preparação de espírito, que deixa turvo e míope o olho, por causa do dilatado das vistas, e da multiplicidade dos objetos que nelas se encerram. [4]

Diferentemente de Dumas, Hugo, Chateaubriand e outros viajantes na Europa, Sarmiento vem de um continente 'inferior' dentro da suposta hierarquia civilizatória mundial. Como viajante oriundo de um país "atrasado" e "bárbaro" em sua própria opinião, faltam-lhe o preparo, a formação, a autoconfiança, o prestígio de um escritor europeu, ou seja, ele tem o que mais tarde se chamaria um "olhar periférico".[20] Daí uma

---

[19] Sobre a poeticidade de espaços pouco civilizados, ver Zilly (2001, principalmente p. 283-287).

[20] Ver Ingenschay (2000); Casanova (2008). A falta de capacitação 'objetiva' não é o único problema de Sarmiento, mas também preconceitos contra viajantes oriundos de países pouco adiantados: "[...] o escritor americano, à inferioridade real, quando entra com seu humilde produto a engrossar o caudal das obras que andam em mãos do público, se acumula a desvantagem de uma prevenção de ânimo que o desfavorece [....]" (4).

autodúvida e um sentimento de insegurança como viajante e como narrador de sua viagem, que são uma constante no livro, assim como as estratégias para compensar e superar esses temores, de modo que vai crescendo sua autoconfiança, até roçar às vezes a prepotência e a megalomania. Mostra o viajante uma alternância entre sentimentos de inferioridade e autoestima, entre uma reflexão sobre suas carências e uma consciência de seu valor, inclusive certo orgulho nacional e continental. Parece entender que, para aprender, para formar-se, para desenvolver-se no ambiente de um país hegemônico, precisa de alguma humildade, da qual, por outro lado, precisa libertar-se, para continuar sua formação pessoal.

Que o viajante-narrador não tenha problemas em confessar suas autodúvidas e inseguranças, desacertos e ignorâncias, contados com autoironia, aumenta a autenticidade de seu testemunho e fortalece o pacto de veracidade com o leitor. Não obstante, as reiteradas confissões de suas insuficiências poderiam surpreender em um homem tão orgulhoso e vaidoso como Sarmiento, sendo interpretáveis também como sinais de uma personalidade suficientemente forte para admitir imperfeições, que lhe permitem demonstrar os passos sucessivos de seu aperfeiçoamento. Nesse sentido, *Viajes* é comparável a *Recuerdos de provincia*, outro relato autobiográfico sobre outro processo de aprendizagem, no caso sua infância e adolescência, incluindo retratos e minibiografias de pessoas que contribuíram para sua formação.

Refletindo sobre a estrutura e a forma de seus escritos, para os quais não conhece modelos aceitáveis, decide-se pelo plano de escrever sem plano, entregando-se, conforme seu modo de pensar associativo, à multiplicidade de suas observações, reflexões e lembranças, mas atraído e guiado sempre por seus interesses, veleidades e idiossincrasias estéticas, políticas e pedagógicas que seus leitores já conhecem desde *Facundo*.

> Escrevi, pois, *o que escrevi*, porque não saberia como classificá-lo de outro modo, obedecendo a instintos e a impulsos que vêm de dentro, e que às vezes a razão mesma não consegue refrear. Alguns fragmentos destas cartas que a imprensa de Montevidéu, França, Espanha ou Chile publicou dão completa mostra daquela falta de plano que não quero prejulgar; se bem que me permi-

> tirei fazer indicações que não serão demais, para desculpar sua irregularidade. Certamente, as cartas são de um gênero literário tão dúctil e elástico, que se presta a todas as formas e admite todos os assuntos. [4-5]

A gênese e a dinâmica interna de vários livros de Sarmiento, sobretudo de *Facundo* e de *Viajes*, se devem à transformação de escritos circunstanciais, como cartas ou artigos geralmente improvisados e espontâneos, em um conjunto convincente e impressionante, ainda que sem uma exata ordem cronológica, sem plano explícito, mas obedecendo a um plano implícito: o de narrar uma etapa de sua vida vinculando-a a uma etapa da história argentina, ancorado em sua ideia de formação e vocação pessoal e nacional. Do que resulta um livro com certa unidade estilística, temática e ideológica, ainda que mantendo muitas digressões, ambivalências e incoerências que não são defeitos, mas méritos de seu estilo epistolar.[21]

Escrever cartas foi certamente a solução mais prática e mais hábil que o autor encontrou para ceder a seu afã irreprimível de retratar e comentar as mais variadas coisas e pessoas que lhe passam diante de seus olhos durante as viagens, pois é um gênero dialogal, permitindo elementos de coloquialidade e oralidade, abertura temática, extensão variável dos textos e uma forte componente pessoal. Escreve impressões de viagem, que, diferentemente das de Dumas, não formoseiam a realidade, mas registram o seu impacto na personalidade do narrador, sendo controladas pela inclusão de fatos e estatísticas, e sobretudo a reflexão e a ironia, apesar da propensão sarmientina para uma forte seletividade e estilização de suas observações, sua persuasividade, para a qual o autor mobiliza seu enorme talento retórico. A forma epistolar, mantida no livro, com seus numerosos vocativos e alusões aos conhecimentos e experiências dos leitores, com o uso frequente da primeira pessoa do plural, intensifica o caráter apelativo e comunicativo dos textos, insinuando

[21] Sarmiento foi um autor de cartas fecundo e bem-sucedido, com uma "prodigiosa e extensa pluralidade de intercâmbios" (Zanetti, 1993:476). Dominava todos os tons e registros, da intimidade ou da delicadeza à caricatura e à polêmica. Frequente é o caráter ambivalente entre privacidade e publicidade de suas cartas (Zanetti, 1993:479). Seu correligionário e adversário Alberdi o chamou, com razão, um "caudilho da pena" (ibid., p. 477).

a inclusão do leitor ao círculo de amigos de Sarmiento. Essa relação pessoal com os destinatários fortalece a impressão de sinceridade, pois aos amigos não se mente.

Sarmiento busca enfocar, em primeiro lugar, aspectos das regiões visitadas que menos aparecem em livros e periódicos. Tenta levar a seus leitores traços ora superficiais ora essenciais do que leu antes, e do que agora vê, ouve, sente, come, vive e faz, seu contato e intercâmbio com a realidade: enfoca personalidades, estilos de vida, estados de ânimo, costumes, regras escritas e não escritas, mentalidades, o conjunto do mundo vivido das populações visitadas. Como um antropólogo moderno, reflete sobre sua própria base cognitiva, seus conhecimentos prévios, seus interesses, intenções, sentimentos, também sobre os gêneros e convenções em que formula e apresenta seus escritos. Assim, o leitor pode avaliar aproximadamente o grau de subjetividade ou objetividade, e a confiabilidade de seu testemunho. A forma espontânea e subjetiva de suas cartas-reportagem, sempre em busca do real e do incitante, tem traços da crônica de jornal, também de um diário íntimo, devido ao curto lapso de tempo entre o vivido e o escrito. Visto que o autor manda suas observações em forma de cartas a seus amigos, logo reaproveitadas como artigos de imprensa e partes de um livro, parece que não encontrou tempo nem achou necessário de revisá-las, corrigi-las, modificá-las, o que realça seu efeito de espontaneidade e veracidade.[22]

Publicar ou republicar esses textos circunstanciais em um livro significa dignificá-los, difundi-los, preservá-los de modo que entram no campo da historiografia, memorialística, geografia e literatura, aproximando-se do ensaio que, semelhante ao gênero epistolar, reúne modos variados de apropriação e representação da realidade, guiados e coloridos pela personalidade do autor. Combina a intimidade de cartas, dirigidas a uma pessoa somente, com a divulgação de um periódico destinado a um público regional ou nacional, e com a proje-

[22] Não há indícios de que Sarmiento tenha feito uma revisão das cartas antes de publicá-las em livro, já que um cotejo com os manuscritos não é possível: "Não foram achados até agora originais das cartas publicadas em *Viajes* [...]" (Fernández, 1993c:XVIII). E parece que ainda não houve pesquisas bem-sucedidas para encontrar as cartas ou os fragmentos de cartas publicados em diversos jornais, cotejando-os com os textos publicados em *Viajes*, o que permitiria um olhar íntimo na oficina de Sarmiento como epistológrafo/jornalista/escritor.

ção ilimitada de um livro potencialmente destinado a leitores de todo o mundo e todas as épocas, inclusive do século XXI.[23] Constatamos, portanto, uma ampliação tripartida do público no espaço e no tempo, já prevista, provavelmente, no momento da redação.

A composição dessas cartas-relatos-ensaios resulta da intuição espontânea, do desejo de captar a curiosidade do leitor, de entretê-lo e instruí-lo, conforme o lema clássico: *delectare et prodesse*. Assim, o autor não necessariamente vai narrando os episódios da viagem em sua sucessão cronológica, mas antecipando e regredindo, admitindo lacunas e digressões, intercalando anedotas, documentos, reminiscências literárias ou históricas, trechos de livros e partículas textuais da realidade traduzidas ou resumidas pelo próprio autor.

A impressionabilidade e versatilidade do viajante, a ductilidade de sua observação, junto com sua tolerância ante suas próprias contradições o empurram para a literarização do observado, sentido, pensado – impressão realçada também pela eventual diferenciação entre autor e narrador, que é própria de textos ficcionais. O uso frequente do presente histórico, como tempo de narração, e do estilo indireto livre é típico da reportagem com ambições literárias e, sobretudo, da prosa narrativa. Às vezes não sabemos, como leitores, de quem são certas impressões ou opiniões: do viajante *in actu*, dos personagens retratados, do autor da respectiva carta uns dias ou semanas depois do ocorrido? Ou então do autor do livro dois anos mais tarde?

Sarmiento, ainda que sua maior preocupação seja a política e não a literatura, é consciente da qualidade estética de seu relato. Isso fica claro, por exemplo, na *captatio benevolentiae*, um gesto de modéstia tão sincero como fingido, quando, no fim de seu prólogo, se compara com os mestres do relato de viagem:[24]

---

[23] Certamente os relatos foram lidos em diversos países das Américas e da Europa, mas, diferentemente do *Facundo*, *Viajes* não foi traduzido no século XIX. Somente houve traduções no século XX, para o inglês, e só das partes referentes aos Estados Unidos (Fernández, 1993:1102). Estranha a falta de traduções dos outros relatos, pois são obras-primas da literatura de viagem e do costumbrismo. Uma relação das edições de textos sarmientinos e de suas traduções se encontra em Cabo e Nijensohn (2012).

[24] Na primeira edição do primeiro tomo de *Viajes*, em vez de "prólogo", aparece "advertência" (Sarmiento, 1849a:4).

> Sobre o mérito puramente artístico e literário destas páginas, não se afasta nunca de minha mente que Chateaubriand, Lamartine, Dumas, Jaquemont escreveram viagens, e formaram o gosto público. Se entre nossos inteligentes, educados em tão elevada escola, há algum que pretenda se aproximar deles, eu seria o primeiro a abandonar a pena e descobrir-me em sua presença. Há regiões demasiado altas, cuja atmosfera não podem respirar os que nasceram nas terras baixas; e é loucura olhar o sol com muita atenção, com perigo certo de perder a vista. [7]

Justamente, por considerar-se literato, já antes da viagem, Sarmiento, com certo orgulho, embora não sem autoironia, pensa em aproveitar o *Facundo* como bilhete de entrada na França, não somente nos círculos políticos, para influenciá-los em um sentido antirrosista, mas também nos artísticos, para construir sua fama como escritor:

> Ao despedir-me de meu bom amigo o senhor Montt lhe dizia eu com aquela modéstia que me caracteriza; a chave de duas portas levo para penetrar em Paris, a recomendação *oficial* do governo do Chile e o *Facundo*; tenho fé neste livro. Chego então em Paris, e experimento a segunda chave. Nada! nem para atrás nem para adiante, não funciona em nenhuma fechadura. A desgraça tinha querido que se perdesse um envio de alguns exemplares feito de Valparaíso. Tinha eu um; mas como desfazer-me dele? como dá-lo a todos os jornais, a todas as revistas ao mesmo tempo. Eu queria dizer a cada escritor que encontrava, ¡*io anco*![25] mas meu livro estava em mau espanhol; e o espanhol é uma língua desconhecida em Paris, onde creem os sábios que só se falou no tempo de Lope de Vega ou Calderón; depois degenerou em dialeto imanejável para

[25] Alusão à famosa exclamação, considerada apócrifa, que Correggio teria proferido ao contemplar um quadro de Rafael, o Êxtase de Santa Cecília em Bolonha, ou — segundo outra tradição — a *Madona Sistina* (hoje em dia no museu Zwinger, Staatliche Kunstsammlungen Dresden): "*Anch'io sono pittore*" (Eu também sou pintor), ver: <https://es.wikipedia.org/wiki/Anch%27io_sono_pittore>. A exatidão filológica nas citações não era o forte de Sarmiento, e suas inexatidões ortográficas, especialmente em termos e nomes não espanhóis, nem sempre foram corrigidas na edição crítica, por exemplo, em "Surick" por Zurique (Zürich); *Viajes* (275).

a expressão das ideias. Tenho, pois, que gastar cem francos para que algum orientalista me traduza uma parte. [120][26]

Um *déjà-vu* ambivalente

> Avise o Sr. aos meus, meu bom amigo, que pisei terra na Europa, que abracei, mais bem diria, esta França de nossos sonhos. Posso permitir-me tal hipérbole com o Sr. que mal conhece o espanhol como se escreve na Espanha (que é, *du reste*, como deve escrever-se) à força de não pensar e sentir, senão como nos tem ensinado a pensar e sentir a literatura francesa, única que o Sr. e eu chamamos literatura, aplicável aos povos sul-americanos. [75]

Assim, com o elogio às letras francesas que se estende por muitas páginas, começa Sarmiento o relato sobre sua chegada na França, em uma carta a Carlos Tejedor, um intransigente unitário, escrita de Ruão (Rouen), em um espanhol ostentativamente salpicado de galicismos.[27] Os liberais argen-

[26] Cem francos eram mais que o salário mensal de um operário, ver Harvey (2003:173). Um carpinteiro, em 1848, ganhava uns quatro francos por dia, quando tinha trabalho, o que era muito inseguro. De fato, a primeira parte do *Facundo* foi vertida para o francês por um tradutor não nomeado em *Viajes* (120), que no "Diario de Gastos" aparece como "M^r^. Bournon" (493), tradução parcial que o autor usou para conseguir uma resenha na *Revue des Deux Mondes*, publicada pouco depois (ainda em 1846), redigida por Charles de Mazade; ver também a nota 70 do presente artigo. O *Facundo* seria publicado em francês em 1853, inglês em 1868, italiano em 1881-82. Essas traduções foram muito importantes para o autor, pois ele quis dirigir-se não somente a leitores hispano-americanos mas ao público do mundo civilizado em geral, pelo que publicou duas das edições originais do *Facundo* no exterior, uma em Nova York (1868), outra em Paris (1874).

[27] Sarmiento enviou duas cartas da França, a primeira escrita em Ruão, em 9 de maio de 1846, dirigida a don Carlos Tejedor, sobre sua chegada em Le Havre e sua viagem a Ruão; e a segunda, escrita em Paris em 4 de setembro de 1846, dirigida a don Antonino Aberastain, falando de sua estadia nessa cidade. Carlos Tejedor era jurista e político unitário de Buenos Aires, correligionário de Sarmiento. Antonino Aberastain, também jurista e político unitário, era de San Juan, e amigo de juventude de Sarmiento. Assim, é natural que a segunda carta da França seja um pouco mais espontânea e pessoal que a primeira. Os destinatários não foram escolhidos à toa, já que Sarmiento sempre buscou uma afinidade entre a personalidade do destinatário, os temas e o estilo das cartas; e a diversidade de caráter e interesses de seus amigos corresponde presumivelmente à diversidade de seu público em geral. A carta sobre sua viagem à Argélia foi escrita em 2 de janeiro de 1847 de Orã, dirigida a um advogado do grupo de Esteban Echeverría, Juan Thompson, que vivia em

tinos quase não tinham contato com as letras espanholas, já que sua formação intelectual era francesa. Todas as eventuais críticas à França, já existentes no *Facundo,* à sua política exterior com respeito a Rosas e à ignorância de alguns de seus historiadores e jornalistas com respeito às Américas, são passageiramente esquecidas: a França é a terra prometida que inunda o autor de ternura e emoção, como se chegasse a sua família, aos braços de sua bem-amada ou a um santuário de peregrinação. Comparações e metáforas familiais, eróticas e religiosas, caracterizando seus laços com a França, abundam em todo o relato. O viajante se sente maravilhado, no sétimo céu, pois conhecia a França dos livros, e agora vai conhecendo a França real, real de realidade e de realeza, visto que é, depois de um interregno republicano e outro imperial, um país monárquico, uma monarquia constitucional, o que Sarmiento, republicano convicto, vê com ceticismo.

A França não é somente a pátria dos franceses, é também a terra, a pátria, o lugar de todos os homens da Civilização, da civilização ocidental, cristã, dos países europeus e americanos, porventura dos homens civilizados de outros continentes. Esse prestígio se deve principalmente a sua literatura, seu pensamento social, histórico, filosófico, suas artes, suas modas e costumes e a sua capital. A literatura francesa é francesa e ao mesmo tempo universal e, portanto, os homens letrados do mundo pertencem a ela. E o sistema literário francês — suas editoras, revistas, autores, críticos, livreiros, professores, leitores — é o tribunal das literaturas do mundo. Paris atrai as obras de literaturas periféricas, as avalia, as julga, as rejeita ou as declara universais, travando, permitindo ou fomentando sua distribuição no mundo, decidindo inclusive sobre sua sorte nos países de origem. Sarmiento se sente cidadão de "uma república mundial das letras" — como diria Pascale Casanova —, que transcende fronteiras políticas e linguísticas, graças à difusão da língua francesa, ao comércio de livros e revistas, a resenhas, estudos e traduções. E a capital dessa República, desde o Século das Luzes, é Paris.

Idealmente era uma meritocracia, um conjunto de relações simbólicas e comerciais, em que todos os países, autores e livros do mundo deviam ter chances iguais, em um espaço cultural transnacional, tendencialmente desterritorializado, sem chefes pela divina graça de Deus. Por

Barcelona, onde Sarmiento o havia visitado pouco antes (168; "Notas aclaratorias", de Verdevoye, 1993:459). Os numerosos galicismos foram estudados por Verdevoye (1993, especialmente 647 e ss.).

outro lado, havia uma estrutura hierárquica, de prestígio, de contatos, de poder político e econômico, na qual os autores argentinos certamente ocupavam um dos escalões inferiores.[28] Se na Inglaterra, na Alemanha e alguns outros países da Europa, desde fins do século XVIII, havia reações, ainda que ambíguas, contra a hegemonia cultural francesa, esta, na América Latina, continuou inquestionada durante todo o século XIX e parte do século XX, pelo menos até o Modernismo. Pois era claro que durante muitas décadas a situação periférica da América do Sul com respeito à Europa não ia mudar substancialmente. Todavia, o que Sarmiento, e já antes dele Esteban Echeverría, e depois centenas de latino-americanos queriam era conquistar, por meio de Paris, um lugar mais elevado na hierarquia das letras mundiais, para difundir seus livros e outros bens culturais de seus países. Pois lhes parecia que a América Latina tinha mensagens importantes para os europeus, e portanto para o mundo. E por outro lado, queriam, como item do projeto civilizatório nacional, fomentar a literatura em seus próprios países, criar um sistema literário, uma vida intelectual, instituições culturais, segundo o modelo francês.

O uso frequente do pronome na primeira pessoa do plural realça a consciência grupal do autor, que pretende viajar não só como indivíduo, mas como representante dos republicanos liberais da América do Sul, discípulos das letras francesas, o que tem algo de quixotesco:

> "Os jovens de boa vontade na América somos o modelo daquele Jerónimo Paturot, o Quixote das ideias francesas [...]" (75).[29]

[28] "*Le capital littéraire 'français' a pour particularité d'être aussi patrimoine universel, c'est-à-dire constitutif [...] de la littérature universelle, et non pas nationale. [...] Paris devient [...] capitale mondiale de la littérature au cours du XIX*e *siècle [...]. La France est la nation littéraire la moins nationale, c'est à ce titre qu'elle peut exercer une domination quasi incontestée sur le monde littéraire et fabriquer la littérature universelle en consacrant les textes venus d'espaces excentriques: elle peut en effet dénationaliser, départiculariser, littérariser donc, les textes qui lui arrivent d'horizons lointains pour les déclarer valables et valides dans l'ensemble de l'univers littéraire qui est sous sa juridiction. [...]. Sa rupture avec les instances nationales la conduit à promouvoir dans l'univers littéraire, contre la loi politique des nations et des nationalismes, [...] la loi de l'universel littéraire: l'autonomie. Le champ littéraire français [...] deviendra ainsi à la fois un modèle et un recours pour les écrivains de tous les autres champs qui aspirent à l'autonomie*" (Casanova, 2008:133-134; ver também p. 190).

[29] Jerôme Paturot é o protagonista ingênuo do romance *Jérôme Paturot à la recherche d'une position sociale* (1843) de Louis Reybaud, um autor reformista, colaborador da *Revue des Deux Mondes*. É notável que, segundo Sarmiento, esse Quixote francês não

O quixotismo que Sarmiento observa em si mesmo e em seus amigos o enche de orgulho e ao mesmo tempo de ironia, pois eles propagam ideais civilizatórios adquiridos menos pela experiência, e mais pelos livros.[30] E seus ideais se chocam com uma realidade menos bela, menos generosa e civilizada que a imaginada. Eis aqui uma dupla crítica, ainda que semi-humorística, pois o autor adverte, indiretamente, contra um excesso de leituras idealistas e contra o perigo de confundir o lido com o real. Por outro lado, dado que as leituras francesas presentearam os jovens latino-americanos com ideais e princípios valiosos – a liberdade, a república, o progresso, a lei, o bem comum, a educação, as artes – eles veem nesse quixotismo tendencialmente uma atitude louvável, valente e crítica, que, ademais, lhes ajuda a observar mais claramente máculas da própria realidade francesa. Ambas as posturas são fios condutores de toda a viagem narrada: a semissátira de um idealismo exagerado, livresco, ilusionista dos sul-americanos, e, como movimento oposto, a semissátira dessa realidade europeia, que contradiz sua própria imagem oficial e seus próprios valores.

Apesar de seu entusiasmo por chegar a sua pátria intelectual, Sarmiento cita, já na segunda página de sua primeira carta desde a França (76), antes de chegar a Paris, dezoito versos escolhidos de um longo poema sobre Paris e os parisienses, *La cuve* (La cuba), do poeta satírico popular Henri Auguste Barbier, conhecido por suas denúncias jocosas de escândalos de todo tipo. A transcrição de tantos versos em francês, sem tradução, assim como numerosas outras citações ou palavras nessa língua, incluindo galicismos e pseudotraduções ao espanhol, somente inteligíveis para quem sabe francês, mostram não só a presumida competência linguística do autor, mas também aquela que pressupõe em seus leitores, membros da república das letras ocidentais, na qual o francês era língua franca. Eis aqui a última estrofe:

¡Raza única en el mundo, espantoso conjunto
De impulsos juveniles y crímenes de viejos;

---

seria o modelo dos letrados ibero-americanos, mas que, ao contrário, eles se sentiriam modelos daquele, uma originalidade *sui generis*.

[30] Sarmiento, já antes de chegar à França, gostava de cultivar sua imagem de lutador solitário quixotesco pelo progresso e pelas Luzes; ver Nelle (1996:141-142).

> *Raza que está jugando con el mal y la muerte,*
> *Todo el mundo te admira pero nadie te entiende!*[31]

Sarmiento aceita o desafio da última linha da estrofe como lema de sua estadia na França: já admira faz tempo a "raça" de Paris, e agora quer entendê-la. Mas por que cita um longo poema satírico, cheio de autocrítica francesa e parisiana? Assim, por um lado, põe em evidência a relativa liberdade de expressão e a cultura do riso que reinam no país de acolhida, contrapartida da intolerância e do terror na Argentina de Rosas. Por outro lado, essa citação tem o efeito de atenuar e relativizar a imagem idealizada da França, aliviando a enorme pressão que deve significar o prestígio cultural do país visitado para o forasteiro proveniente de um país longínquo e pouco importante. Também justifica e estimula, implicitamente, para si mesmo e para seus leitores, sua crítica posterior. Sem comentar diretamente esse poema, continua seu relato:

> E com efeito, agora que me aproximo daquele foco de onde partem para nós os movimentos do espírito, um depois do outro como os círculos concêntricos que descrevem as águas agitadas em algum ponto de sua superfície, sinto não sei que timidez, mesclada de curiosidade, admiração e respeito, como aquele sentimento religioso e indefinido do menino que vai fazer sua primeira comunhão. Sinto-me, contudo, que não sou o hóspede, nem o estrangeiro, mas o membro da família, que nascido em outros climas se aproxima do lar de seus antepassados palpitando-lhe o coração, com a antecipação das sensações que o aguardam, dando uma fisionomia aos que só de nome conhece, e tomando emprestados à imaginação objetos, formas e conjunto que a realidade logo destruirá, mas que são indispensáveis à alma, que como a natureza tem horror ao vazio. [76-77]

[31] A tradução para o castelhano, que abre mão da rima, é de Verdevoye (1993:430). [Raça única no mundo, espantoso conjunto/ De impulsos juvenis e crimes de velhos;/ Raça que está jogando com o mal e a morte,/ O mundo inteiro te admira mas ninguém te entende!].

O primeiro contato com a França é um *déjà-vu*. O autor já 'sabia' antes o que ia vendo. Por outro lado, tinha plena consciência de que algumas de suas ideias e expectativas eram ilusionárias e seriam retificadas pela observação direta, ainda que alguns preconceitos fossem indispensáveis, pelo menos, até serem corrigidos pela experiência, pela "fisionomia" real das coisas e das pessoas.[32] Mas o crucial é a sensação de chegar em casa. A "família" é a comunidade de homens civilizados, dispersos pelo mundo, filhos espirituais da França, o lar da civilização. O estrangeiro civilizado é em verdade um cidadão francês, até um parisiense. O alheio é — ideológica e até emocionalmente — o próprio, e a viagem ao exterior é um retorno à casa paterna e materna. A oposição entre o próprio e o alheio assume aqui uma dinâmica especial, sendo modificada, suspensa, quase invertida. Pois para muitos letrados argentinos lhes é mais familiar Paris do que o Pampa, ou seja, regiões e culturas de sua pátria lhes são mais estranhas que as grandes cidades de um país estrangeiro, aproximado e apreciado desde a juventude, por intermédio de sua cultura atraente, prestigiosa e hegemônica.

Não importava que a Inglaterra fosse economicamente mais avançada; que os Estados Unidos, como ex-colônia e então república próspera, fosse um país politicamente exemplar; e que a Prússia tivesse as melhores escolas: o fulgor e a glória da cultura francesa brilhavam mais claros e mais radiantes, e seus escritores eram os guias principais dos letrados sul-americanos. Sarmiento já havia lido em San Juan e em Santiago de Chile — às vezes em tertúlias com amigos, dentro do espírito da Geração de 37, dos unitários, liberais — textos de Dumas, Lamartine, Thiers, Guizot, Tocqueville, Cousin, Leroux, Lerminier, Michelet, também dos pensadores do Século das Luzes. Havia se instalado desde sua juventude em uma França ideal que ele agora estava levando à França real, o que produziu choque e alegria, desilusão e

[32] A "fisiologia", no sentido metafórico, e com ela a "fisionomia", uma espécie de fenomenologia folhetinesca de tipos humanos, como o *flâneur* ou a *grisette*, e típicos objetos e instituições sociais, inclusive a própria cidade, teve uma enorme popularidade nos anos 1840, expressando a visão de Paris e outras cidades para si mesmas. Certamente Sarmiento conhecia alguns desses livrinhos acompanhados de estampas, que devem ter contribuído para a imagem que ele se fazia de Paris e da França. Ver Benjamin (1972:48 e ss.); Lascar (2008); Penot-Lacassagne (2009).

confirmação de suas ideias recebidas. Curioso é que nunca mencione Auguste Comte, que acabava de publicar, de 1831 a 1842, seu *Cours de philosophie positive*; talvez uma obra demasiado científica, sóbria, seca, para a alma apaixonada de Sarmiento, embora próxima de suas posições ideológicas.[33]

A maior parte de seu relato sobre sua iniciação nas letras francesas, Sarmiento a dedica à filosofia social de Charles Fourier, na qual aprecia a ideia da organização comunitária da indústria, agricultura, habitação, diversão e da política em geral. Encontra nela uma espécie de socialismo reformista, com traços pequeno-burgueses, capitalistas-cooperativistas. Simpatiza especialmente com suas ideias pedagógicas, com a reivindicação não somente da escola primária para todos, mas também da educação pré-escolar, os "berços públicos" e as "salas de asilo" (*Viajes*, 84, 209; *De la educación popular*, 7-10, 92). Aprecia seu repúdio à ociosidade de aristocratas e escravistas e sua ideia do trabalho não alienado (81).[34] Pois nunca abandona a preocupação central de toda a sua vida: como se pode construir uma sociedade civilizada, justa, republicana, moderna e seu respectivo Estado?

> Então a política, a constituição, a forma de governo, ficarão reduzidas a esta simples questão: como hão de entender-se os homens iguais entre si, para prover sua subsistência presente e futura, dando sua parte ao capital posto em atividade, à inteligência que o dirige e faz produzir, e ao trabalho manual dos milhares de homens que hoje emprega, dando-lhes mal com que não morrer, e às vezes matando-os neles mesmos, em suas famílias e em sua progênie? Quando esta questão que vem de toda parte, de Manchester como de Lyon, encontrar solução, o fourierismo se encontrará na pauta da política e da

[33] Sobre as correntes do pensamento social da época, ver Harvey (2003:58-87). Até o futuro imperador Napoleão III havia defendido, antes de chegar ao poder, reformas sociais inspiradas em Saint-Simon e Fourier, o que explica sua popularidade inicial entre as camadas humildes e entre escritores de esquerda (Harvey, 2003:68-69).

[34] Naturalmente, Sarmiento não usa o termo "trabalho alienado", mas aprecia a ideia de um trabalho não alienado, que dê uma satisfação emocional, baseado na pequena empresa ou cooperativa: "Fourier propõe um sistema de associação no qual o trabalho será atraente, em lugar de ser repugnante como o é agora" (81).

legislação; porque esta é a questão que ele se propõe resolver. [85]

Finalmente, depois de uma dezena de páginas sobre a importância das letras francesas e suas próprias leituras, sobre seu ideário político, sobre sua viagem mental antes da viagem real, o autor aborda o tema central da carta, sua chegada à França concreta, factual, convidando seu interlocutor a ser companheiro de viagem: "Já basta de ideias abstratas, e para despejar seu espírito destas sérias preocupações, ponha-se o Sr. comigo a bordo da *Rose*, que já vamos chegando à França" (85).

Depois de recair em outra digressão, ou seja, reminiscências sobre a vida a bordo e reflexões sobre a relatividade do termo *estrangeiro*, continua:

> As costas da França se desenharam ao fim no distante horizonte. Saudavam-nas todos com alvoroço, saudava-as também eu, sentindo-me apequenado e medroso com a ideia de apresentar-me logo no seio da sociedade europeia, falto de trato e de maneiras, cuidadoso de não deixar transluzir a *gaucherie* do provinciano, que tantas piadas alimenta em Paris. [86]

Outra vez está preocupado por sua timidez, temeroso de cair em certa torpeza, ou seja, *gaucherie*, como ele diz em francês, talvez uma alusão à semelhança gráfica *gaucho/gauche*, motivo de um jogo de palavras que já aparece no *Facundo*.[35] Contudo, o filho do país dos gaúchos finalmente não vai comportar-se como um *gauche* em Paris, mas vai praticando uma disciplina dos afetos e movimentos corporais, de cuidados no semblante, na gesticulação, na fala, na indumentária e uma determinada autoencenação que lembra as reflexões de Norbert Elias sobre o lado psíquico do processo civilizatório, autocontrole esse que não deve ter sido fácil para Sarmiento, pois tinha um temperamento

[35] *Facundo*, cap. XIV (206). Etimologicamente, "gaúcho" não tem nenhum vínculo com "*gauche*" ou "*gaucherie*".

forte e impulsivo. Chega o grande momento do desembarque, contado em tom de galhofa:

> Saltava-me o coração, ao nos aproximarmos da terra, e minhas mãos percorriam sem meditação os botões da roupa, esticando o fraque, apalpando o nó da gravata, arrumando o colarinho da camisa, como quando o enamorado novel vai se apresentar ante as damas. A *Rose* entra nos *docks* ou *bassins* (não conheço a palavra castelhana que supra esses nomes), atraca na borda de madeira dos canais, e uma ignóbil turba de criados elegantemente vestidos nos assalta, nos grita, escala o buque pelas maromas, nos rodeia como moscas, nos empesta com seu hálito, se insinua em nossas mãos e em nossos bolsos para depositar um cartão com o nome do hotel que os envia. [...] Ah! a Europa! triste mescla de grandeza e de abjeção, de saber e de embrutecimento ao mesmo tempo, sublime e sujo receptáculo de tudo o que eleva o homem ou o deixa degradado, reis e lacaios, monumentos e lazaretos, opulência e vida selvagem! [86]

Soa algo barroca a predileção de Sarmiento pelos contrastes e pelos paradoxos, também pelo jogo de ilusão-desilusão, engano-desengano, mesclado com humor e sátira. Esta visa o espírito comercial dos primeiros franceses que se apresentam ante seus olhos e ouvidos durante sua chegada ao Havre (Le Havre),[36] e já parece antecipar outras decepções, lidas ou vividas depois. "A ignóbil turba de criados elegantemente vestidos" que escalam maromas como macacos prefigura as elites corruptas que o viajante vai conhecendo nos meses seguintes. Por outro lado, a decepção tem algo de consolador: se a França não se mostra tão educada e civilizada como pretende, tampouco pode ser tão exigente com respeito aos estrangeiros. E, se um estrangeiro é um homem civilizado, um cidadão da república mundial das letras, portanto um cidadão francês, tem o direito de criticar os franceses.

[36] Contrariamente à sua predileção por galicismos, Sarmiento por outro lado tende a usar nomes franceses em forma hispanizada: *El Havre*, *Ruán*, *Revista de Ambos Mundos*, *Marsella*, *Furierismo*.

A capital dos *flâneurs* e da civilidade

O que é que Sarmiento vê, descreve e narra na França? Relativamente pouco fala de temas românticos, da natureza, do campo, dos bosques, conventos, castelos ou povoados históricos, igrejas góticas, a Donzela de Orléans, observações e reflexões associadas, em grande parte, à ópera *Roberto o Diabo* (*Robert le Diable*), de Meyerbeer (91), ou ao romance *Notre-Dame de Paris*, de Victor Hugo (94). Discorre sobre a Idade Média durante a viagem de barco subindo o rio Sena até Ruão (Rouen), e durante a estadia nessa cidade que admira, mas que considera parada num passado medieval, pois nela "nada de notável há moderno" (92). Sua admiração pela Idade Média é relativizada pela suspeita de um interesse restaurador e monárquico que estaria por trás do romantismo:

> Aos desencantados que buscavam a verdade de boa-fé se seguiram os pensadores pagos, de *par le roi*. A monarquia feudal não podia viver sem a reabilitação de todas as crenças e fatos que a haviam engendrado. [95]

Depois de partir de Ruão rumo a Paris, quase esquece suas homenagens aos monumentos góticos. Surpreende, por outro lado, que pouco se deixe captar emocional ou intelectualmente pela engenharia moderna, por máquinas e fábricas, embora aprecie e propague sua importância prática e econômica. É conhecido o entusiasmo do Sarmiento-ideólogo pelas estradas de ferro, mas para o Sarmiento-escritor o trem de Ruão até Paris, o primeiro que vê e que utiliza em toda a sua vida, o fascina durante quatro linhas escritas, nada mais (96).

O que o fascina realmente na França — além da literatura e do pensamento social que aborda no começo e da política que aborda no decorrer de seu relato — é a cidade, a metrópole, a grande aglomeração, nem tanto seus detalhes técnicos e arquitetônicos, mas o conjunto da vida citadina: as luzes, o brilho dos espaços públicos, bulevares, passagens, cafés, teatros, museus, parques, exposições, novidades de todos os tipos, corridas de cavalo, bailes públicos, modas, imprensa, vitrines, livrarias, obras de arte, a atmosfera de urbanidade. E especialmente a movimentação, a vitalidade, as posturas, o refinamento, as mentalidades e os modos corteses e cosmopolitas dos citadinos e cidadãos, a multidão em festas e espetáculos, o formigueiro de gente, o fluxo da vida. Não por casualidade, *civilização*, *cidadão* e *cidade* são palavras etimologicamente aparentadas, vinculadas a *civitas*, conjunto organizado dos *cives* de uma *urbs*, cujo modelo idealizado é a antiga Roma republicana.

Para Sarmiento, a cidade é berço e foco da civilização, tanto no sentido de progresso instrumental-técnico como no sentido de progresso ético-político, de cidadania, de *res publica*. "Paris é um pandemônio, um camaleão, um prisma" (102), a quintessência do mundo, a cidade das cidades em tempos modernos, a metrópole deslumbrante, a capital do século XIX, como diria Walter Benjamin (1972:171). Sarmiento vê Paris nem tanto como testemunho e palimpsesto da história, mas como emblema da modernidade, deixando-se fascinar pela cidade contemporânea, luminosa, científica, elegante, versátil, polifacética, contraditória, cosmopolita, ligada ao futuro.[37] A capital francesa lhe parece uma maravilha do progresso tecnológico e humano, um permanente espetáculo de objetos e pessoas, um modelo para as capitais sul-americanas, uma antecipação desejada da futura Buenos Aires, Santiago de Chile, Montevidéu, Rio de Janeiro. Ir a Paris é uma viagem ao porvir, o qual Sarmiento mais tarde, como político influente e chefe do Estado, ajudaria a implementar na Argentina.

O viajante, oriundo de uma localidade com menos habitantes do que qualquer sub-bairro de Paris, tende a exagerar a modernidade de uma metrópole que na realidade tinha muitas marcas de atraso, ainda oferecendo pouca comodidade e segurança aos pedestres, por exemplo.[38] Mas ele se deslumbra com o brilho e o progresso urbanístico existente, como se as reformas haussmannianas das duas décadas seguintes já fossem realidade.[39] Por outro lado, já existiam a iluminação a gás,

[37] O adjetivo "moderno" aparece 67 vezes em *Viajes*! Parece que ainda não existiam, em espanhol, outras palavras da mesma família, como "modernidad" ou "modernización". Ser civilizado era ser moderno, do passado Sarmiento pouco esperava. Teria aplaudido a famosa frase de Rimbaud: "*Il faut être absolument moderne*".

[38] "Antes de Haussmann eram raras as calçadas largas para os pedestres, e as estreitas ofereciam pouca proteção dos veículos. Dificilmente a deambulação teria podido desenvolver toda a sua importância sem as passagens" (Benjamin, 1972:51).

[39] Sobre projetos e reformas urbanísticas antes do Segundo Império, ver Harvey (2003:78-83); sobre as reformas haussmannianas: ibid., p. 89 e ss. Sobre a importância de Paris como mito e miragem para os intelectuais latino-americanos, de Bolívar a

alguns bulevares com intenso tráfico de veículos e pessoas, as passagens com seu espetáculo de mercadorias e artigos de arte, que tanto fascinariam os historiadores até hoje em dia, e já surgiam as primeiras lojas de departamento.[40] Também já existia a bolsa com sua febre especulativa, com êxitos e fiascos espetaculares de agiotas (104), e já havia uma maciça comercialização da arte. Tais aspectos da vida pública fascinavam Sarmiento muito mais que a vida privada e os espaços interiores, os móveis ou outros utensílios, que certamente lhe pareciam exemplos menos vistosos da modernização.

> Só aqui posso extasiar-me à vontade diante das litografias, gravuras, livros e bibelôs expostos à rua em uma loja; percorrê-las uma a uma, conhecê-las desde longe, ir-me, voltar no outro dia para saudar outra estampinha que acaba de aparecer. Já conheço todos os ateliês de artistas do bulevar, a casa de Aubert na praça

---

Cortázar, ver Nelle (1996). Esse pesquisador, todavia, exagera parcialmente o aspecto, em princípio inegável, do desencantamento que os viajantes viveram ao conhecer a capital francesa. Pois todas as desilusões não destruíram na substância a enorme admiração que os intelectuais latino-americanos conservaram por ela, até o século XX.

[40] "As passagens de Paris surgem em sua maioria dez anos e meio depois de 1822. A primeira condição de sua prosperidade é a conjuntura de alta da indústria têxtil. [...] As passagens são um centro do comércio em mercadorias de luxo. Em sua decoração a arte se põe a serviço do comerciante. Os coetâneos não se cansam de admirá-las. Durante longo tempo continuaram sendo para os forasteiros um ponto de atração." (Benjamin, 1972:173). Essas passagens, os bulevares, assim como o Palais Royal — um conjunto de lojas, apartamentos, restaurantes, salões de jogos, jardins —, foram os espaços preferidos dos *flâneurs*, e também de Sarmiento, que se regozijava visivelmente com a estética da mercadoria e com a mercadoria estética. Apesar de seus limitados recursos financeiros, comprou alguns objetos de arte, estampas de lugares por ele visitados e de personalidades, livros (p. ex., obras de Schiller em alemão, gramática e dicionário do alemão), uma moldura para um quadro de Rugendas ("Diario de gastos" 481), e muitas vezes luvas (em pleno verão), gravatas, *eau de toilette* e outros perfumes, lenços finos, charutos, sorvetes, outros artigos de um modesto luxo, muitos bilhetes de teatro, ópera, variedades, hipódromo, gastos com jogos de azar (476). Em 3 de setembro de 1846, um dia antes de despachar a carta-relato sobre sua estadia em Paris, gasta 13 francos por: "*Rigolette et transfiguration*" (498), o que é uma soma considerável, pois a entrada para a ópera *Robert le Diable*, de Meyerbeer, lhe custou somente cinco francos (479), e em uma segunda apresentação quatro francos, cinco *sous* (497). Não fica claro se "*Rigolette*" se refere ao baile narrado (124) ou a uma "*orgie*", como aquela de 15 de junho, pela qual pagou 13 francos e cinco *sous* (485). De qualquer modo, no termo "transfiguração" ressoa o total entusiasmo com que viu e narrou a dança daquela bailarina (124), relato analisado no capítulo seguinte do presente ensaio.

> da Bolsa, onde há exibição permanente de caricaturas; todas as passagens onde se vendem esses *petits riens* que fazem a glória das artes parisienses. E logo as estatuetas de Susse e os bronzes por toda parte, e os armazéns de *nouveautés*, entre eles um que acaba de abrir na rua Vivienne com duzentos empregados para o atendimento, e 2 mil bicos de gás para a iluminação. [100]

Sua predileção pela cidade não se deve somente a suas ideias sobre civilização e progresso, mas também a seu gosto pelo anonimato, pela diversidade, pela novidade, a sua curiosidade insaciável, a sua sensibilidade estética, a sua idiossincrasia de homem que parece desejar uma alternação ou simultaneidade de solidão e de múltiplos encontros. E fascina-o a oferta de uma quantidade infinita de mercadorias, a cidade como imenso armazém. Esse filho de uma vila perdida nos lhanos ao pé dos Andes era um homem eminentemente urbano, como se houvesse uma harmonia preestabelecida entre ele e a grande cidade, de modo que chegando a Paris se sentiu imediatamente como peixe na água, em seu ambiente apropriado, em casa.

Diferentemente do que se poderia esperar de um admirador de Saint-Simon e de Fourier, com seu pragmatismo social, sua ética do trabalho comunitário, seu entusiasmo pelas tecnologias modernas, o que interessa ao autor em suas cartas sobre a França não são em primeiro lugar as esferas da indústria,[41] do comércio, da educação, da vida social em geral, da arquitetura, mas outras três: a política, o lazer e a estética.[42] A carta com o relato sobre Paris, dirigida a seu amigo de juventude Aberastain, começa — depois de tratar de conhecidos que têm em comum e de personagens ficcionais de Eugène Sue — com reflexões sobre a palavra e a figura do *flâneur*. Pois o personagem que lhe parece mais representativo da grande cidade e, talvez, da Civilização, não é o

[41] Ainda que "indústria" seja uma palavra-chave em *Viajes* e em todo o pensamento político e pedagógico do autor, não lhe agrada visitar fábricas. Ver *Viajes* (4), onde tenta justificar esse desinteresse com sua incapacidade de entender o funcionamento das maquinarias — uma explicação pouco convincente em um homem enciclopédico e entusiasmado pela industrialização. A verdade é que as áreas do lazer, das diversões, da cultura lhe interessam, durante a viagem, tanto quanto a educação, a política, o progresso, e às vezes mais ainda.

[42] O comércio entra, sim, em suas observações, na perspectiva não do comerciante, mas do *flâneur* e do consumidor.

operário, nem o empresário, nem o mestre-escola, nem o engenheiro, mas o *flâneur*, figura-chave para entender Paris.

> *Flanar* é uma arte que só os parisienses possuem em todos os seus detalhes; e contudo o estrangeiro principia a rude aprendizagem da encantada vida de Paris por ensaiar seus dedos torpes neste instrumento de que só aqueles insignes artistas arrancam inesgotáveis harmonias. [99]

Para entrar realmente na capital francesa, para pertencer a ela, para fazê-la tocar sua música inerente, o viajante tem que tornar-se *flâneur*, ou seja, aprender a ser parisiano e artista; porque o *flâneur* é o parisiano *par excellence*, e todo parisiano é artista, por outro lado, para ser *flâneur* há que ser ou fazer-se parisiano, o que dificulta a aprendizagem para um estrangeiro, sobretudo quando ele vem de um país marginal e periférico. Surge aqui um motivo arquirromântico, o do mundo encantado cheio de poesia ou música encantada à espera da mão ou da voz do artista que saiba despertá-la, comparável ao príncipe que desperta a Bela Adormecida com um beijo. O que é original aqui é o caráter urbano da realidade encantada, pois tradicionalmente a musicalidade ou poeticidade é associada à natureza, às florestas, ao mar, às montanhas na Europa, aos pampas na Argentina, ao sertão no Brasil. Implicitamente, Sarmiento insinua a poeticidade da grande metrópole, ideia que infelizmente não desenvolve. A sua observação lembra "Wünschelrute" ('Vareta mágica', de 1835) de Joseph von Eichendorff, um breve poema famoso que formula a quintessência do Romantismo (Eichendorff, 1835):

Schläft ein Lied in allen Dingen	Dorme uma canção nas coisas todas
Die da träumen fort und fort	Que sonham lá a sonhar
Und die Welt hebt an zu singen	E a cantar começa o mundo
Triffst du nur das Zauberwort.	Se a mágica palavra fores achar.
	(Trad. BZ)

O viajante, ou seja, o eu narrador, parece ser um bom aluno da arte de flanar, e mais que isso: descobre a felicidade, a descontração, o abandono das preocupações típicas do adulto responsável e trabalhador, a abdicação momentânea da racionalidade, o regresso à alegria ingênua da infância perdida, uma satisfação instintiva e física, espécie de ebriedade:

> Pela primeira vez em minha vida tenho gozado daquela felicidade inefável, de que só se veem mostras na radiante e franca fisionomia dos meninos. *Je flâne*, eu ando como um espírito, como um elemento, como um corpo sem alma nesta solidão de Paris; ando tolo; parece-me que não caminho, que não vou senão que me deixo ir, que flutuo sobre o asfalto das calçadas dos baluartes.[43] [...] Por outra parte, é coisa tão santa e respeitável em Paris o *flâner*; é esta uma função privilegiada, em que ninguém ousa interromper o outro. O *flâneur* tem direito de meter seu nariz por toda parte. [100]

Tornar-se *flâneur* é um método de pertencer à cidade dos sonhos, deixando de ser o outro, o turista, o estrangeiro de um país pouco importante, sem que isso signifique uma real e rotineira integração. De certa forma, até o *flâneur* autóctone, como indivíduo e elemento da multidão, vive no limite entre integração e alheamento, de modo que esse papel se presta mais que outros a ser assumido por um estrangeiro que quer esquecer-se, por momentos, desta sua condição, para distrair-se e para conhecer a cidade mais intimamente. Sarmiento parece não só ser um bom ator, mas passar realmente por uma metamorfose, aprendendo a ser parisiano. Como *flâneur*, é caminhante urbano entre outros, já não identificável como forasteiro, pelo menos enquanto não fala, pois

[43] A edição Sarmiento (1993), geralmente citada no presente trabalho, aqui reza "bulevares"; a primeira edição de 1849, contudo, reza "baluartes", palavra reconstituída nesta citação (Sarmiento, 1849a:106), uma diferença de lições não esclarecida pelos editores. É um francesismo só inteligível para quem sabe francês e castelhano e um pouco de etimologia, visto que *boulevard* provém de "baluarte", que por sua vez provém do neerlandês *bolwerk* ou do alemão *Bollwerk*, que significam justamente "baluarte". São elementos semi-herméticos de uma comunicação entre iniciados, que dispõem do capital cultural de um poliglota cidadão do mundo. A edição Sarmiento (1993) se baseia no tomo V das *Obras de D. F. Sarmiento*, de 1886, a última edição de *Viajes* publicada em vida do autor (Elena M. Rojas, 1993:XXIV), onde essa 'excentricidade' parece ter sido corrigida (Sarmiento 1886:114). Outro caso de um galicismo semi-hermético é "*baño*", do francês "*bagne*", no sentido de "cárcere" (103).

sua pronúncia provavelmente o delataria como estrangeiro.[44] Por isso, prefere ser um mudo participante-espectador do mundo urbano e de outros *flâneurs*, espectadores-participantes como ele. Pois o *flâneur* se comporta como turista-dândi em sua própria cidade: um homem com bastante tempo disponível, com gosto estético e discreta elegância. Alguém que, no momento de flanar, se distingue das classes trabalhadoras por sua "função privilegiada" (100), sem chamar a atenção por alguma extravagância, combinando alteridade e propriedade, estranheza e autoctonia, marginalidade e pertencimento. Um nômade sedentário, no qual a oposição entre o alheio e o próprio parece neutralizada. Uma espécie de *outsider*, associal, marginalizado, e ao mesmo tempo figura emblemática, nuclear, representativa de sua época, sociedade, cidade.

Dificilmente Sarmiento poderia ter lido Baudelaire, que era pouco conhecido em 1846, mas há afinidades entre as concepções que ambos têm do sujeito ocioso e sensível que deambula devagar pelo espaço urbano e pelas multidões: enquanto Sarmiento "flutua" pela cidade, o poeta francês, ou seu eu poético, toma um "bain de multitude".[45] Ambos falam do prazer da solidão, graças ao anonimato na grande aglomeração, sendo marginalizados e integrados ao mesmo tempo. Se Baudelaire é marginalizado por sua situação social e quase-pobreza, Sarmiento o é por sua situação de estrangeiro de um continente marginalizado, e além disso parece menos atento aos pedestres e à multidão. A ambos os autores lhes agrada olhar e indagar as ruas, as lojas, as mercadorias, as mulheres, as obras de arte, os livros, de uma perspectiva predominantemente masculina e estética. Entregam-se à casualidade, à correnteza

---

[44] Indiretamente, Sarmiento admite que fala francês com forte sotaque espanhol, pois tem problemas de distinguir os pares mínimos "*poisson*" — "*poison*", assim como "*beau*"— "*veau*", ou seja, os fonemas /s/ — /z/, assim como /b/ — /v/, já que o espanhol não conhece essas oposições fonológicas, importantes no francês (101). Outra condição para não ser logo identificado como estrangeiro é sua aparência europeia, que lhe ajuda a evitar desgostos de discriminação racista, que provavelmente sofreria um africano ou um indígena. Seu fenótipo europeu, sobre o qual não reflete, deve lhe haver facilitado seu elogio à civilização europeia e seu sentimento de pertencer a ela.

[45] Baudelaire (1956:295, "Le spleen de Paris", XII). A figura do *flâneur* pertencia ao imaginário dos literatos e leitores de Paris já muito antes de Baudelaire, estando presente, por exemplo, em Edgar A. Poe, Heinrich Heine, Victor Hugo, Honoré de Balzac, e era tema frequente do folhetim dos periódicos; ver Benjamin (1972), Keidel (2006, especialmente p. 12-21) e Schlör (1998); sobre o *flâneur* em Balzac: Harvey (2003:53-55).

de pessoas, à curiosidade, sentindo-se distraídos pelos numerosos movimentos, ruídos, objetos, rostos na rua, passeando sem esforço, sem pressa, sem objetivo concreto, em uma busca de algo que não sabem o que é, em contrapartida ao utilitarismo burguês. Por outro lado, seu interesse pela estética da mercadoria os integra no mundo burguês, como público e figurantes do espetáculo do comércio, como virtuais compradores de artigos de luxo para si ou para sua dama, como pioneiros do gosto e das modas, fazendo, por sua simples presença diante das mercadorias, publicidade delas (Benjamin, 1972:184).

Ambos sentem uma íntima afinidade entre a arte e o flanar, entre o artista e o flanador, com uma diferença: para Baudelaire, o verdadeiro *flâneur* é artista ou poeta, enquanto para Sarmiento a própria 'atividade' de *flâner* é uma arte, ou seja, por meio do flanar alguém se torna artista, ou se revela como tal, sem sê-lo necessariamente no sentido literal. Como tendencialmente quase todos os parisienses podem ser, até certo ponto e de vez em quando, *flâneurs*, todos são artistas potenciais. Flanar é para ele, portanto, uma arte menos delicada, menos 'aristocrática', menos 'boêmia', mais generalizável e 'democrática' do que para Baudelaire, embora não necessariamente popular, porque pressupõe certo nível de vestuário, comportamento e conhecimento estético. O *flâneur* não somente quer ver, mas ser visto, oferecendo uma aparência não de luxo, mas agradável, e olhando o mundo circundante como *connaisseur*, longe do mundo vivido de um proletário. *Flâner* é uma expressão do *savoir-vivre*, de uma cultura cotidiana refinada, de gosto estético que se transformou em atitude, em postura, em *habitus*. Mas também é manifestação de um privilégio — ou de má sorte —, o de não trabalhar todo dia para ganhar a vida.[46]

E *flâner* transcende o ser parisiense ou francês. 'Eu flano, portanto sou', poderia ser o lema de Sarmiento em Paris. As particularidades se

[46] Todavia, o *flâneur* não é necessariamente abastado, como mostra o exemplo de Baudelaire. Ainda que Sarmiento coqueteie com atitudes não burguesas, no fundo aprecia a *flânerie* como espécie de recreação do trabalho, como complementação da existência burguesa; ou seja, atribui-lhe uma função útil, contra a ideia da *flânerie* como valor em si. Assim, somente os povos trabalhadores teriam um termo para a *flânerie*, e não os, na sua opinião, preguiçosos, como os de língua espanhola: "O espanhol não tem uma palavra para indicar aquele *far-niente* dos italianos, o *flâner* dos franceses, porque são um e outro seu estado normal" (105). Insinua que somente quem trabalha regularmente tem o direito à eventual deambulação.

perdem até certo ponto, a nacionalidade, a crença, a classe social, quase todas as diferenças se dissolvem na multidão e na existência estética do *flâneur*. Sua curiosidade o aproxima de outros *flâneurs*, com os quais todavia pouco parece conversar, de modo que todos formam uma espécie de sociedade de individualistas, típica da grande cidade. Observa-a com atenção, mas ludicamente, sem intenção específica nem utilidade concreta.

O *flâneur* sarmientino, contudo, não partilha o *spleen* como contrapartida dos ideais ilusionários da modernidade, o fastio e o tédio de seu 'colega' baudelairiano (Benjamin, 1972:185), não vê o antigo, o primordial, o ctônico no novo, nem o seu futuro possivelmente caduco, antiquado, decepcionante. Não sente um mal-estar com algumas mudanças sociais, nem conhece a mescla de rebeldia, melancolia e resignação diante do não cumprimento das promessas do progresso, mostrando ao contrário um otimismo juvenil, quase ingênuo, orientado para o futuro.[47] Tende a ver o presente já dotado das melhoras do porvir. Se ele conhece amarguras, dores e sofrimentos, ficcionaliza-as de certa forma, projetando-as na bailarina-atriz-bacante que o fascina em uma festa pública (124). A cidade como um todo lhe parece uma obra de arte que desfruta esteticamente, levando-nos a pensar na famosa definição da beleza de Kant, como fonte de "um deleite desinteressado", um prazer destituído de fins e interesses práticos.[48] Por outro lado, essa atitude estética prevalece apenas passageiramente, sobretudo durante suas estadias no Rio de Janeiro, em Paris, Madri e Roma, pois em geral

[47] O espírito otimista diante do progresso civilizatório, já questionado por escritores e filósofos europeus desde as Luzes, e principalmente desde o Romantismo, talvez fosse característico de um olhar periférico de viajantes provenientes de países jovens, aparentemente sem passado, com grandes expectativas para o futuro. Além disso, Sarmiento nada tinha da atitude de rebelde, marginalizado, boêmio e dândi de Baudelaire, de seu fastio com respeito à sociedade burguesa, de sua sensibilidade aristocrática e de sua pobreza socioeconômica (Benjamin, 1972:23 e ss.); ao contrário, apesar de certo esteticismo, Sarmiento não era muito crítico para com estruturas e valores estabelecidos pela sociedade burguesa.

[48] Parcialmente, esse desinteresse tem uma base financeira: "Ah! se eu tivesse nada mais que quarenta mil pesos, que ano eu me daria em Paris! Que página luminosa poria em minhas lembranças para a velhice! mas sou *sage*, e me contento com olhar, em vez de *pechinchar* como fazem outros" (123). Apesar de seus restritos fundos financeiros, ele faz algumas compras 'supérfluas' do ponto de vista da estrita utilidade, ver nota 15 do presente trabalho.

o Sarmiento viajante mantém, pelo contrário, uma atitude pragmática de colecionador de informações, de observador crítico ou empático, de professor e de mensageiro cultural.[49]

Insinua que as virtudes de civilidade e urbanidade que facilitam a convivência das pessoas se manifestam no *flâneur*, cuja conduta parece estender-se a toda a população:

> O povo de Paris tem a religião da *adresse*.[50] [...] E isto aconteceu cem vezes a todo estrangeiro, e é fama e opinião comum que só na França e sobretudo em Paris se encontra esta benevolência pública, esta bondade fraternal. [101]

A civilização aparece em pequenos detalhes cotidianos, nos modos pacíficos, estética e eticamente agradáveis de regular as relações sociais, na cortesia, na amabilidade, na graça — o oposto à rudeza, à violência, à opressão. Para Sarmiento, a civilidade dos parisienses, especialmente para com os estrangeiros, é exemplar, manifestando-se também em fórmulas da linguagem cheias de civilidade que lhe parecem modelares. Na expressão "bondade fraternal" parece ressoar o famoso lema revolucionário: *liberté, égalité, fraternité*, ideais que Sarmiento sempre apreciou, pelo menos teoricamente. E é notável que a civilidade não esteja restrita a uma classe social, mas que caracterize todas as classes parisianas.[51]

---

[49] Pagni (2000:38-39) vê aqui uma sátira do furor colecionista dos viajantes cientistas, o que é plausível; mas Sarmiento também tinha algo desse furor, uma insaciável curiosidade por quase tudo, exceto pelas ciências naturais. David Viñas caracteriza esse afã de conhecer e conquistar Paris como "balzaquiano", e realça a duplicidade de seus intereses: "Em Sarmiento o programa utilitário e as tentações estéticas coexistem", (Viñas, 1974:154). Parece que as tentações estéticas são maiores nas cidades dos países românicos, em Paris, Roma e Madri, e menos nas do Norte europeu e da América do Norte. De qualquer modo, Sarmiento era de uma polivalência genial, de uma energia titânica e de uma rara facilidade da escrita, o que também o aproxima de Balzac.

[50] "*Adresse*", neste contexto, significa "tato", "delicadeza", "cortesia".

[51] Por outro lado, a violência praticada em massa sempre é uma possibilidade, também na França e Sarmiento o recorda aludindo às revoluções de 1789 e de 1830, e às guerras napoleônicas, quando o país era o "terror da Europa" (100). Poderia ter mencionado aqui também a colonização da Argélia, que começou em 1830, com medidas de terror contra as populações autóctones, uma guerra quase ininterrupta que provocou um contraterror. Mais tarde Sarmiento escreve da Argélia: "Quatorze

O nascimento da integração social a partir do espírito da festa

Um testemunho histórico é eloquente pelo que diz, mas também pelo que não diz, embora o não dito seja elemento importante da realidade observada. Sarmiento fala pouco do pauperismo, grave problema social da época, consequência de uma industrialização precipitada e selvagem, importante assunto na opinião pública e nas incipientes ciências sociais. Alexis de Tocqueville, a quem Sarmiento tanto apreciava por seu famoso estudo *De la démocratie en Amérique*, de 1835, havia publicado, no mesmo ano, *Mémoire sur le paupérisme*, que o autor argentino parecia ignorar, do mesmo modo que outro livro com grande repercussão em toda a Europa, inspirando Proudhon, Marx, Engels e outros pensadores sociais: Eugène Buret, *De la misère des classes laborieuses en Angleterre et en France* (1840). A questão social estava na ordem do dia, tema central em um romance popular, que Sarmiento menciona com frequência: *Les Mystères de Paris* (1843), de Eugène Sue.[52] Não só a pobreza e a miséria, mas também a violência e a criminalidade, as atividades de grupos subversivos, a repressão, a censura, a deficiente higiene pública — todos esses problemas aparecem pouco em *Viajes*, onde as observações críticas se concentram mais na corrupção entre as elites e sua ignorância acerca da América do Sul.

anos de triunfos deixavam no fim tempo e repouso suficiente para empreender um vasto sistema de colonização, quando de repente, e sem que o menor indício tivesse denunciado a proximidade da borrasca, a África, desde as portas de Argel, se alça como um só homem; dez árabes não ficam submissos ao governo francês, e cento e vinte mil soldados mal bastam para apagar com sangue este vasto incêndio, que parece ter estalado intuitiva e simultaneamente em cada ponto da Argélia, atiçado no fogão de cada tenda, pelo sopro de cada homem que usa albornoz" (176). Ver também o próximo capítulo do presente ensaio.

[52] Tocqueville observa que as regiões que parecem as mais miseráveis são aquelas que têm menos indigentes, e que nas mais ricas e mais industrializadas uma parcela bem maior da população depende da caridade pública para sobreviver (Tocqueville 1835:4 e ss.). Sarmiento naturalmente sabe do problema do pauperismo, ao qual alude quando discorre sobre Fourier (85), e também no final de sua carta escrita em Orã, mas somente para sugerir que os pobres da Europa sejam convidados a emigrar para a Argentina (202). Alude a Sue, a sua crítica social e a seus personagens em *Viajes* (99, 103), e já no *Facundo* compara o gaúcho mau com o Churriador (em francês: Le Chourineur), personagem em Sue (Sarmiento, *Facundo*, 47). [*chourineur*: o que assassina com uma faca. N. do T.]

Sarmiento fala sim dos pobres, da possível superação de sua marginalidade ao estender-se sobre os prazeres públicos, os bailes, os espetáculos, as corridas de cavalos, todo tipo de festejos populares, onde se encontram e se misturam pessoas de diferentes classes sociais. Aprecia sobremaneira essas diversões de massas – em parte porque as festas populares ajudam o viajante a mitigar sua saudade – dedicando-lhes muitas páginas, talvez as mais bonitas e entusiásticas de suas cartas-relatos, joias de prosa poética-retórica, quando narra por exemplo espontâneas apresentações musicais de grupos negros nas ruas do Rio de Janeiro, o carnaval de Roma, as corridas de touros na Espanha, bailes de valsa e polca regados de cerveja num bosque de Munique, as corridas de cavalos ou os bailes públicos em Paris, em que destaca uma das dançarinas:

> Quando a Rigolette se levanta com seu companheiro que não é Jerman, todos os assistentes se chamam atenção para ela, a turba de espectadores se apinha no lugar que ela ocupa, e lordes ingleses, boiardos e príncipes russos pagariam cem francos para estar em primeira linha. A orquestra alemã começa a fazer vibrar as fibras daquele torvelinho de seres humanos, a irritá-las, a crispá-las com as harmonias em que domina a corneta-pistão. O local está adornado com gosto primoroso; jarrões e estátuas sobressaem-se sobre massas de verdura, canteiros de flores raras e perfumadas, e em meio a uma atmosfera de fogo pela iluminação do gás, dos lampiões e dos vasos coloridos, se agitam sobre avenidas de asfalto, quadrilhas de duzentos pares, executando polcas frenéticas, valsas febris. [...] A Rigolette vai se agitando, se animando, perdendo o sentido e as formas humanas. Seus admiradores estreitam cada vez mais o círculo, aguilhoam-na com aplausos, aturdem-na com seus vivas, até que a paixão estala, o estro poético se manifesta, a inspiração desce até a pitoniza, em clarões do gênio, em cabriolas impossíveis, em contorções de bacante. É a febre, a convulsão do prazer, a alienação do possuído, que deixou de presidir os movimentos do corpo, e se abandona a outra alma que a sua que está fazendo coisas sobre-humanas, não sonhadas. Então já não pisa o chão, é um torvelinho ou um furacão, vai, remoinha e ao fim cai sobre os braços de alguém,

> pálida, moribunda, chorando, ofegando, os olhos fechados, e voltando à vida à força de ouvir a tormenta de aplausos, os gritos de admiração, os vivas delirantes que acompanham seu nome. Como a Rigolette, houve antes a Rainha Pomaré que morreu, vive a Rainha Margot, Marion e outras celebridades, batizadas pelo público segundo o caráter de sua poesia, selvagem, buliçosa, ou cheia de fereza. [124-125]

Uma jovem simples e autônoma, talvez costureira, eventualmente amante de um burguês rico e meio boêmio, uma *grisette*, personagem frequente na literatura, no teatro e na música francesa do Oitocentos, que aqui leva o pseudônimo Rigolette, tal qual uma personagem central em *Les mystères de Paris*, se faz protagonista.[53] Ela consegue, como bailarina, enfeitiçar seu público durante momentos, horas, noites ou semanas, sobretudo o masculino, talvez toda Paris, tornando-se a rainha das festas públicas, em danças que combinam erotismo, êxtase, criação estética. A arte permite a seus agentes pobres uma ascensão social, embora efêmera e basicamente simbólica, ou seja, parcialmente ilusionária. Como de hábito em Sarmiento, um escritor mais impressionista que realista, a bailarina não aparece descrita detalhadamente, não vamos conhecendo sua fisionomia, seu vestuário, suas joias, seus exatos movimentos, mas sim a comoção que provoca nos espectadores e no narrador, que contracenam com ela, transformando-se em atores de uma obra de arte total — teatro, dança e música — onde as diferenças entre a artista e o público, a performance individual e coletiva, entre o cotidiano e o estético, o erudito e o popular, o real e o ficcional parecem suspensas.

Vislumbra-se aqui uma implícita ideia da criação artística e de seu papel social, no marco da dicotomia civilização-barbárie, que alude à figura

[53] *"Après 1830, les Romantiques s'emparent de la grisette comme une des leurs. La mode des bals populaires aux barrières de la périphérie, chez les marchands de vin et dans les guinguettes, favorise son essor. Aux quadrilles sages et posés de l'aristocratie survivante, aux menuets de l'Ancien Régime et aux entrechats du Directoire, s'opposent les danses plus 'cabriolées' ou 'gaudriolées' — le chahut, le cancan — des étudiants de Paris et de la classe ouvrière"* (Penot-Lacassagne, 2009). Alguns personagens do romance de Sue parecem entrar na realidade, como Rigolette e seu companheiro, associado a Jerman (124; Germain no romance de Sue). Notável que Sarmiento e os outros espectadores parecem esquecer-se da presença dele, vendo unicamente a Rigolette.

de Esmeralda em *Notre-Dame de Paris*, e que prefigura, de certa maneira, a concepção do apolíneo e do dionisíaco desenvolvida por Nietzsche em seu famoso ensaio *O nascimento da trágedia a partir do espírito da música*, de 1872.[54] Perante o espetáculo, uma combinação de baile em massa e performance de uma artista individual, com orquestra moderna e iluminação sofisticada, decoração que concilia a arte e a natureza, o viajante-*-flâneur* se deixa encantar, envolver, extasiar. Extasiar por uma conjugação de elementos nobres e vulgares, delicados e violentos, humanos e animalescos, culturais e naturais, razoáveis e vesânicos, celestes e subterrâneos, divinos e infernais. Admite, implicitamente, que o bárbaro existe dentro da civilização, em plena Paris, e ademais: que é imprescindível e constitutivo, tanto para as artes como para a sociedade.

A bailarina passa por três rápidas metamorfoses: se torna primeiro "sobre-humana", depois 'sub-humana', sendo finalmente remetamorfoseada em pessoa humana, e enaltecida como "rainha". Inspirada por poderes elevados, transforma-se primeiro em uma "pitonisa", ou seja, sacerdotisa de Apolo, um dos doze deuses olímpicos, associado à luz, à racionalidade, à beleza, à ordem, às artes, especialmente à escultura, à poesia e à música. Mas logo surgem formas de comportamento desconcertantes: ela executa "cabriolas" que lembram cabras e sátiros, "contorções" que lembram serpentes ou insanos, uma "febre", uma "alienação do possuído", transformação em "um furacão", perda total do autocontrole, submissão a forças naturais, ocultas, demoníacas, que a transfiguram em "bacante". Ou seja, ela se faz seguidora e sacerdotisa de Dionísio, um deus estrangeiro, originariamente bárbaro, chegado à Grécia desde a Ásia, não pertencente ao círculo nuclear dos olímpicos, filho de Zeus com uma mortal, ou talvez com Perséfone, esposa de Hades, deus do submundo. E, realmente, a bailarina encarna uma extrema vitalidade criacional, mas sofre, geme, se põe "moribunda", resvala para a morte, passa brevemente pelo tártaro, depois: a ressurreição.

Pois Dionísio se associa ao vinho, à fertilidade, à sexualidade e a outros instintos, ao frenesi e à loucura, às subjugadas mas onipresentes forças telúricas e titânicas, sendo, por já ter morrido e ressuscitado, capaz de estabelecer contatos entre vivos e mortos. Vítima de injustiças por

[54] Esta seria a tradução literal do título original.

parte de outras divindades, é um sofredor, um deus trágico, inspirador da tragédia que vai se configurando graças ao aporte apolíneo. Ama a dança e a música, com instrumentos de sopro e de ritmo, e não deve ser uma casualidade que o único instrumento mencionado expressamente por Sarmiento seja a forma modernizada de um antigo instrumento de caça e guerra, a corneta de pistões (124), recém-refinada e adaptada para orquestra moderna, de certa forma uma fusão do dionisíaco – a corneta – com o apolíneo – o pistão –, do bárbaro com o civilizado.

A bacante contagia com sua embriaguez a multidão cada vez mais ruidosa, sendo também contagiada por ela, de modo que o baile ganha características de um bacanal, ou talvez o ganhasse se não fosse a polícia, uma instância de certa forma apolínea, no marco do texto, garantindo o decoro e a decência, junto com as estátuas e a floricultura:

> A decência reina em um círculo um pouco amplo, traçado pela polícia; porém as excentricidades não estão nos costumes, nem nos comportamentos, mas na licença poética do baile, no delírio da paixão que quer sacudir todas as travas. [125]

Finalmente é o aplauso, comparável ao comentário do coro no teatro grego, a intervenção da sociedade, o que ressuscita a atriz-bailarina, liberando-a de sua quase-morte e delírio, reconduzindo-a à vida, à realidade, à lucidez.[55] Todos parecem sentir alívio, purgação, catarse. Essa festa extática promove uma conciliação não somente de todas as potências humanas e divinas, e de todas as classes sociais, mas de todas as nações, pois a orquestra é alemã, os dançarinos e espectadores são de toda a Europa, franceses, ingleses, russos (124), e além disso está presente um

[55] A dança de uma bacante ou mênade é um tópico da literatura e sobretudo da pintura do Ocidente; mais rara parece ser a dançarina 'normal' que sai do anonimato e se transfigura em bacante, encantando todos os presentes. Sarmiento pode tê-la encontrado em *Notre-Dame de Paris*, na dança da suposta gitana Esmeralda; eis aqui trechos dessa longa cena: "*Dans un vaste espace laissé libre entre la foule et le feu, une jeune fille dansait. [...] Si cette jeune fille était un être humain, ou une fée, ou un ange, c'est ce que Gringoire, tout philosophe sceptique, tout poète ironique qu'il était, ne put décider dans le premier moment, tant il fut fasciné par cette éblouissante vision. [...] Autour d'elle tous les regards étaient fixes, toutes les bouches ouvertes; et en effet, tandis qu'elle dansait ainsi, au bourdonnement du tambour de basque [...], c'était une surnaturelle créature. 'En vérité, pensa Gringoire, c'est une salamandre, c'est une nymphe, c'est une déesse, c'est une bacchante [...]!'*" (Hugo, 2006:91; Livre deuxième, III).

argentino-chileno. É a união mística e entusiástica da humanidade que lembra a *Ode à alegria*, de Schiller, posta em música por Beethoven, hoje em dia hino oficial da União Europeia. Essa conjugação de forças apolíneas com dionisíacas, do trágico com o histriônico transforma vivências individuais em uma vivência coletiva, configurando suas dores e alegrias em uma performance estética, em que a sociedade se encontra e se celebra a si mesma. A arte se torna práxis social e cívica, recordando a Grécia antiga e sua capital Atenas, que parece reencarnar-se em Paris, a capital do mundo civilizado.

Fundindo sua "inspiração" e sua "fereza", a bailarina se transforma em artista-feiticeira, em atriz de um minidrama, representando a vida dolorida e alegre de Dionísio, interatuando com o coro, apresentando um prelúdio do nascimento da tragédia, em uma concepção dicotômica e complementar da arte e de sua função social, que prefigura Nietzsche. Com a diferença de que nele a sequência das forças formadoras da arte seria inversa, o dionisíaco precedendo o apolíneo, aquele sendo organizado e configurado por este, o que permite o nascimento da tragédia, cujas raízes seriam a dança e o coro dionisíaco. Os dois autores partilham a ideia — em Sarmiento implícita, em Nietzsche explícita e amplamente desenvolvida — de que ambos os princípios criativos, o "estro poético" e a "fereza", são necessários social e esteticamente, visto que sua combinação constitui a arte e sua práxis social, e portanto a sociedade:

> Cantando e dançando manifesta-se o ser humano como membro de uma comunidade superior: desaprendeu a andar e a falar e está a caminho de se lançar a voar pelos ares dançando. Por seus gestos fala a transformação mágica. Tal como agora os animais falam e a terra dá leite e mel, também nele ressoa algo sobrenatural: sente-se deus, ele mesmo caminha agora tão extático e erguido como em sonhos via caminhar os deuses. O ser humano já não é um artista, se converteu em uma obra de arte: para suprema satisfação deleitável do Um primordial, a potência artística da natureza inteira se revela aqui sob os estremecimentos da embriaguez.[56]

[56] Nietzsche (2004:46). O filósofo insiste na necessidade da combinação das duas forças culturais para a arte e a vida social: "'Titânico' e 'bárbaro' parecia ao grego

Sem dúvida Sarmiento é um pensador basicamente 'apolíneo', mas como homem apaixonado e sensorial tem um forte pendor 'dionisíaco' que aqui aflora claramente. Por outro lado, se sente visivelmente desconcertado pelo gozo que lhe proporciona um espetáculo com componentes sensuais e selvagens. Esboça certa reserva intelectual, uma atitude ambivalente, que lembra seu misto de admiração e rejeição ante o gaúcho, seu talento como cavaleiro, rastreador, baqueano, cantor e poeta. Como Ulisses diante das sereias, Sarmiento quer gozar do espetáculo sedutor, mas ao mesmo tempo manter sua independência e seu autocontrole. Liberta-se rapidamente de seu entusiasmo extremo pelos bailes públicos, relativizando seu valor e alcance estético-emocional-político como "parte dramática", ou seja, como teatral, ficcional, irreal, passando a realçar sua "parte positiva", ou seja, sua utilidade educacional:

> Meus estudos sobre a educação primária me põem em contato com *savants*, empregados e homens profissionais; mas há ainda outro lado de Paris que me chamou profundamente a atenção, e são seus prazeres públicos, e a influência que exercem sobre os costumes da nação. [122]

Poderia surpreender que Sarmiento fale, de um só fôlego, dos prazeres públicos e da educação primária. Realmente, põe em pé de igualdade aqui as duas esferas da vida pública, duas instituições sociais com aspectos comuns, pois concernem toda a nação, ajudando a formá-la, civilizá-la, integrá-la. As festas públicas têm, por assim dizer, ao lado da escola, e mais que a imprensa, um caráter educativo e civilizador para todas as classes, também para as marginalizadas. Poder-se-ia pensar em Schiller e sua concepção da educação do povo por meio da arte e do jogo.

---

apolíneo também o efeito produzido pelo dionisíaco: sem poder dissimular-se, contudo, que ao mesmo tempo ele próprio estava aparentado também intimamente com aqueles titãs e heróis abatidos. Inclusive tinha que sentir algo mais: sua existência inteira, com toda a sua beleza e moderação, descansava sobre um velado substrato de sofrimento e de conhecimento, substrato que tornava a ser-lhe posto em descoberto pelo dionisíaco. E eis aqui que Apolo não podia viver sem Dionísio! O 'titânico' e o 'bárbaro' eram, em última instância, uma necessidade exatamente igual ao apolíneo!" (Nietzsche, 2004:60-61). Eliminar o bárbaro eliminaria o civilizado, ou seja, o tornaria bárbaro.

> [...] a parte [positiva] dos bailes públicos [...] é que a sociedade se *igualiza*, as classes se perdem, a mulher de classe ínfima se põe em contato com os jovens de alta estirpe, os modos se afinam, e a unidade e homogeneidade do povo fica estabelecida; o público se constitui, e uma migalha de glória cai também aos pés da mulher do baixo povo, entre os prazeres com que aturde sua miséria, ou sua vileza. A luz subministrada em torrentes, a música dos maestros, [...] aquele luxo e aquele gosto enfim prodigalizado no lugar que o roto ou a filha do artesão de Paris chama seu por um momento, concluem por enobrecer seu espírito, iniciá-lo na civilização, e fazer-lhe aspirar a uma condição melhor. [125]

A democracia, o diálogo pacífico entre as classes, uma relativa igualdade não possíveis ainda em nível político, e muito menos em nível socioeconômico, são sim por instantes possíveis em nível sociocultural, em espaços públicos, através de diversões coletivas, onde a cultura popular e a cultura das elites se roçam e se misturam. Grande parte do prazer que sente o leitor, junto com o narrador-viajante, se deve à alegria generalizada do povo em festa, quando as hierarquias se neutralizam de modo efêmero, o que confere a essas cenas um caráter quase utópico, reflexo antecipado de uma futura felicidade geral. Também se confundem os limites entre o belo e o politicamente útil, pois as festas agradam esteticamente e promovem a comunicação entre as classes, um passo para a unidade da nação e a confraternização internacional.[57]

Além disso, nas diversões públicas, como na educação, nas artes, nas ciências, se manifesta o caráter de um povo, de modo que são obje-

[57] Depois da Revolução de 1848, a já existente cultura dos espetáculos públicos foi deliberadamente fomentada, ampliada e instrumentalizada pelo governo de Luís Napoleão, tornando-se uma autoencenação do Império de Napoleão III e um modo de integração social; ver Harvey (2003:204): "*Haussmann was a master at organizing spectacles of this sort, and transformed the Hotel de Ville into a perpetual center of spectacle with balls and galas for every occasion. Boulevard openings — Sebastopol (1858), Malesherbes (1861), and Prince Eugene (1862) — were elaborately staged and decorated events as were the unveilings of monuments (St. Michel Fountain in 1860). All such events were turned into spectacular celebrations in which an adoring public could applaud imperial munificence, grace, and power. Popular support for the Emperor was likewise mobilized through galas, fêtes, and balls (even the women of Les Halles, known for their republicanism, organized a grand public ball to celebrate the advent of Empire in 1852)*".

tos privilegiados de estudo para quem queira entendê-lo. Quando Sarmiento celebra o francês como o escalão mais elevado na evolução civilizatória, parece pensar em primeiro lugar no *flâneur*, e na multidão em festa, como portadores de qualidades mais gerais, de sociabilidade e de *savoir-vivre*, de riqueza emocional e estética. O homem civilizado pode e deve aperfeiçoar-se, pode e deve aperfeiçoar o mundo, até na área profissional, "poetizando o trabalho e a inteligência humana", uma utopia tão iluminista quão romântica. Conviver com os parisianos é como frequentar uma escola de perfeição humana e civilizatória:[58]

> O francês de hoje é o guerreiro mais audaz, o poeta mais ardente, o sábio mais profundo, o elegante mais frívolo, o cidadão mais zeloso, o jovem mais dado aos prazeres, o artista mais delicado, e o homem mais brando em seu trato com os outros. Suas ideias e suas modas, seus homens e seus romances, são hoje o modelo e a pauta de todas as outras nações; e começo a crer que isto que nos seduz por todas as partes, isto que cremos imitação não é senão aquela aspiração da índole humana a aproximar-se de um tipo de perfeição, que está nela mesma e se desenvolve mais ou menos, segundo as circunstâncias de cada povo. [...] E será sempre a glória de Fourier ter conduzido a inteligência do homem até fazê-la capaz de melhorar o universo, de ter deificado na criatura o poder do Criador, poetizando o trabalho e a inteligência humana, em lugar da força destruidora de heróis sanguinários, que fazem até hoje o caudal da poesia épica, como nos tempos antigos, deuses imorais, caprichosos e injustos.
>
> Sugerem-me estas reflexões tão sisudas os bailes públicos de Paris, onde apareço de vez em quando, para curar-me do mal da pátria que me incomoda. [...] Os bailes são em Paris estabelecimentos públicos que se seguem aos teatros, lutando com

[58] Vinte anos depois, a França como nação mais civilizada e Paris como centro do mundo ocidental seriam de certa forma substituídas pelos Estados Unidos e Nova York, conforme a observação de Sarmiento de "que cabe aos Estados Unidos, a [missão] de dirigir os outros [povos] por esta nova senda aberta à humanidade para avançar com passo firme para seus grandes destinos" (Sarmiento, 1867:85).

> eles em magnificência, alumbramento e gosto. [...] Ali vi Balzac, Jorje Sand, Soulié e outras notabilidades literárias. [123]

Civilizar é colonizar?

> O sr. é artista? Ainda continua a exposição do Louvre de 1846. Dois mil e quatrocentos objetos de arte, quadros, estátuas, gravuras, jarrões, tapetes de gobelino, que ocupam légua e meia nos salões do Louvre. Ali estão os produtos da pintura religiosa que vai buscar seus assuntos nas tradições da Idade Média, ao lado da batalha de Isly, imensa tela de Horacio Vernet, que transportou para Paris um pedaço da África com seu céu tostado, seus camelos, sua atmosfera empoeirada, seus árabes indômitos já domados. [102-103]

Uma das atividades do *flâneur* argentino era ver exposições de arte, e em uma das mais importantes durante sua primeira estadia em Paris pôde admirar um painel gigantesco que glorificava a recente vitória esmagadora das tropas de ocupação francesas contra um exército de libertação árabe, às margens do rio Isly, entre Argélia e Marrocos, em 1844, batalha essa que consolidaria o domínio francês no norte da África por mais de um século. Meio ano depois da exposição, chegando ele mesmo à Argélia, Sarmiento ia saber detalhes dessa "batalha de Isly, em que o marechal Bugeaud abateu 60.000 árabes" (181), e conhecer pessoalmente o comandante vencedor, nobilitado como "Duque de Isly".

Raramente o vínculo intrínseco entre civilização e barbárie fica tão manifesto como aqui, confirmando uma famosa observação de Walter Benjamin: "Nunca houve um monumento da cultura que não fosse também um monumento da barbárie."[59] Provavelmente Sarmiento não teria desmentido essa frase em seu íntimo, pois pensava que, para impor a civilização, às vezes era preciso usar métodos bárbaros.[60] Sabia que o progresso, segundo a lógica da Civilização como ele a entendia, do capitalismo, do colonialismo, não vinha automaticamente,

[59] Benjamin, 1987, fragmento nº 7.

[60] Sarmiento, *El Progreso* (1844), citado por Torres Molina (1989).

tinha que ser imposto, também, por meio da violência, da luta contra os "bárbaros", com métodos bárbaros. E viu, talvez com maior clareza que outros escritores contemporâneos, que nas condições vigentes, o bem-estar da Europa, a hegemonia do Ocidente, o florescimento da sua cultura dependiam de colônias, como fonte de mão de obra barata e de matérias-primas, como mercado de consumo, em parte também como terra de acolhida para o excedente demográfico europeu. As ciências e as artes também necessitavam do colonialismo, ou pelo menos se beneficiavam com as colônias, como objeto de estudos e como fonte de inspiração estética. E por outro lado, as ciências e as artes voltadas para o mundo não europeu criaram um imaginário favorável ao colonialismo, além de fornecerem conhecimentos práticos para a dominação e exploração de países "atrasados", "bárbaros" ou "vazios".[61]

Sarmiento parece ter sentido que era difícil conhecer verdadeiramente os países — em sua visão — civilizados, modelares, orientadores, sem conhecer uma das bases de sua riqueza e progresso: o colonialismo. Assim era coerente incluir em seu itinerário europeu uma região recentemente conquistada por um país civilizado, o Norte da Argélia (199). A viagem à Àfrica, sem projeto de investigação pedagógica, sublinha seu interesse pela colonização como método de integrar espaços e populações "selvagens" à civilização, o que considera tarefa também para um futuro governo argentino.[62]

Chegado na capital da colônia francesa, o viajante observa com prazer estético e antropológico a tradicional arquitetura e o colorido enxame humano no centro histórico multicultural, árabe-turco-judeu. Mas logo insere a Argel tradicional em uma visão modernizadora e colonizadora, em que ela aparece como parte do passado, pois o viajante dirige seu olhar para a incipiente parte moderna da cidade, um prenúncio do futuro, um vislumbre antecipador, para ele a verdadeira Argel, que será a outra cara da capital francesa:

[61] Um exemplo são as tradições artísticas e acadêmicas do orientalismo, ver Said (2008); Tocqueville (2002).

[62] Neste contexto é reveladora a proporção entre a duração de certas etapas da viagem e a extensão dos respectivos relatos: o autor escreveu 34 páginas sobre sua viagem para e na Argélia, onde ficou três semanas, ao passo que escreveu 23 páginas sobre a França, antes de chegar a Paris, e 30 sobre Paris, onde ficou, no total, quase seis meses!

> Estava pois em Argel, que desde o Chile fazia parte muito notável de meu programa de viagem, e à medida que eu ascendia os escalões que formam as ruas, a variedade de trajes, a multiplicidade dos idiomas, e a mistura de povos e de raças humanas excitando a curiosidade, me faziam esquecer todas as atribulações que até então havia experimentado. [...] Passadas estas primeiras impressões, a ilusão contudo começa a desvanecer-se, e em lugar das numerosas mesquitas e minaretes, que o viajante espera encontrar entre os compatriotas do Profeta, ao subir à praça de Orléans, cujo artificial pavimento sustenta duas ordens de abóbodas superpostas, a Europa se apresenta de golpe na planta da futura Paris africana com seus magníficos hotéis, perfumarias e restaurantes, suas ruas flanqueadas de galerias cobertas como as vizinhas ao jardim das Tulherias, as muralhas por todas as partes atapetadas de cartazes, que em letronas monstruosas, e com todo o charlatanismo do *affiche*, anunciam os objetos da moda, os livros novos, as apresentações teatrais, e os decretos do governador geral. [172-173]

A Argel futura, como cidade ocidentalizada, afrancesada, homogeneizada, lhe parece mais real do que a Argel real, com seu centro histórico visível, audível, multiétnico, que ele chama de "ilusão", pois a considera condenada à extinção pelo progresso. Sarmiento é um visionário, projetando sua visão de uma Argélia futura sobre a Argélia real. A cultura árabe para ele é estática, sem futuro, com baixo grau de realidade; e a cultura ocidental dinâmica, com futuro, com alto grau de realidade. Quando viaja pelo interior, entre Orã e Máscara, lhe ocorre outra imagem visionária da Argélia vindoura, que se sobrepõe à imagem presente e real:

> [...] ainda aquilo que não existe, real o que não é, mas que o será indefectivelmente, sendo presente já o proximamente futuro, a colonização da Argélia se me afigurou como de longo tempo consumada. Por todas as partes bulia a população europeia entregue às múltiplas operações da vida civilizada: as planícies hoje desertas, as vi atapetadas de quintas, de jardins e de messes douradas [...]. [199-200]

Há tempos, Sarmiento afirma ver semelhanças entre os países árabes e latino-americanos, especialmente entre as figuras do gaúcho e do beduíno: seus aspectos físicos e mentais, seu modo de vida arcaico e patriarcal como pastores de gado, seu nomadismo, sua propensão à violência e à brutalidade, sua incapacidade como agricultores, sua habilidade como domadores, sua fidelidade, sua bravura, seu ódio ao progresso, seu anseio de liberdade, seu conhecimento da natureza, suas qualidades de baqueanos e rastreadores, sua hospitalidade, sua musicalidade. No *Facundo*, faz numerosas alusões ao mundo árabe, conforme seu método cognitivo e didático de explicar o desconhecido da América mediante comparações com o Velho Mundo:[63]

> As hordas beduínas que hoje importunam com sua algazarra e depredações a fronteira da Argélia dão uma ideia exata da *montonera*[64] argentina, de que se serviram homens sagazes ou malvados insignes. A mesma luta de civilização e barbárie da cidade e do deserto existe hoje na África [...]. [*Facundo*, 67]

Inverte esse método em *Viajes*, explicando o desconhecido do Norte da África comparando-o, melhor dizendo: traduzindo-o mediante um elemento parecido do pampa: "[...] uma tribo empreende *razias* (os *malones* de nossos índios) sobre as outras para arrebatar-lhes o gado [...]" (183). Os dois países mostram uma oposição entre um interior atrasado, desértico, selvagem, mas original, pitoresco, heroico, por um lado, e as cidades modernas, europeizadas, homogêneas, por outro lado, havendo dentro do campo também uma oposição entre uma população nômade, supostamente avessa ao progresso, que se dedica à criação de gado, e os agricultores sedentários, considerados pelo autor mais produtivos e civilizáveis, ou já civilizados.

Há, contudo, uma diferença importante entre América Latina e África: a Argélia carece, aparentemente, de uma elite civilizadora pró-

[63] No *Facundo*, "árabe" aparece 16 vezes, "beduíno", 3 vezes; "maometano" ou "Maomé", 5 vezes; "Palestina", 2 vezes; "Bagdá", 1 vez; "caravana de camelos", 1 vez. Em *Viajes* aparecem 4 vezes comparações de árabes com índios, e 34 vezes com gaúchos!

[64] *montonera*: de *montoneras*, grupos militares irregulares que tiveram papel destacado em alguns países da América hispânica no século XIX. [N. do T.]

pria, necessitando por conseguinte de uma elite estrangeira que tenha, com a justificativa de uma missão civilizadora, o direito de apropriar-se de um país sem dono legítimo: "A terra pertence ao que melhor sabe fecundá-la" (184). No caso argentino, são os argentinos liberais e europeizados e, no caso da Argélia, são os 'verdadeiros' europeus, os franceses, que supostamente sabem "fecundar a terra", aproveitar o potencial produtivo do país perante a presumida incapacidade da população autóctone. A metáfora machista evoca e ao mesmo tempo empequenece o caráter extremadamente violento e sangrento dessa política "civilizadora". Insinua que fora da Europa não valem leis éticas nem os direitos humanos, ou seja, para promover a civilização podem ser ignorados importantes princípios dela mesma, inclusive o arquiburguês direito à propriedade privada. Em lugar de normas civilizadas para a convivência de pessoas e populações, vale a lei do mais forte, uma ideia bárbara, aqui disfarçada por uma metáfora pseudorreligiosa.

> Mais tarde naquela mesma planície cinco mil ginetes árabes se reuniram para proclamar Emir a Abd-El-Kader, que longo tempo sonhou com formar da Argélia arrebatada aos franceses um Estado soberano para ele; mas o Deus das batalhas dispôs sem dúvida outra coisa [...]. [197]

Sarmiento tem que admitir implicitamente que existe sim uma elite árabe capaz de lutar contra o colonizador e, talvez, de governar o país. Por que os árabes não teriam o direito a um Estado soberano, para civilizar-se dentro de um Estado próprio, como os argentinos? Simplesmente, porque não têm um exército suficientemente forte para derrotar os invasores franceses. Aos povos autóctones não resta nenhuma chance: têm que ser colonizados porque não possuem elite própria, e quando sim a possuem, ela é eliminada, porque não consegue impor-se militarmente. O que diria Sarmiento se os ingleses colonizassem a Argentina, o que já haviam tentado em 1806-07? Se tivessem conseguido conquistar o país, ele também aplaudiria ao "Deus das batalhas", como *ultima ratio* da argumentação, ou seja, a abdicação da razão? Esquece-se de que em páginas anteriores denunciou aqueles "deuses imorais, caprichosos e injustos", e "a força destruidora de heróis sanguinários, que fazem até hoje o caudal da poesia épica" (123). O Deus cristão seria um desses deuses imorais? Sarmiento, que sabidamente era maçom e pouco religioso, contudo precisava do Deus cristão para explicar e legitimar a superioridade da civilização europeia e seu direito de subjugar os povos não cristãos:

> [...] do mesmo tronco saíram o Evangelho e o Corão; o primeiro preparando os progressos da espécie humana, e continuando as puras tradições primitivas, o segundo, como um protesto das raças pastoras, imobilizando a inteligência e estereotipando os costumes bárbaros das primeiras idades do mundo. [177]

Os métodos de repressão dos colonizadores parecem quase antecipar crimes nazistas na Segunda Guerra Mundial, com o aplauso de Sarmiento: "[...] o general Royer, quando tinha notícia do assassinato de um europeu, acudia à tribo mais próxima do lugar da catástrofe, e pedia o delinquente, ou cem cabeças de árabes em espiação!" (185).

À diferença do gaúcho, eventualmente resgatável por meio da educação, o árabe parece, segundo o viajante-ideólogo, não ser civilizável, o que prenuncia muitas guerras, talvez uma guerra de extermínio, física ou cultural, parecida com aquela contra os índios argentinos:

> Jamais a barbárie e o fanatismo lograram penetrar mais profundamente no coração de um povo, e petrificá-lo para que resista a toda melhora. Entre os europeus e os árabes na África não há agora nem nunca haverá amálgama nem assimilação possível; um dos dois povos terá de desaparecer, retirar-se ou dissolver-se; e amo demasiado a civilização para não desejar desde agora o triunfo definitivo na África dos povos civilizados. [185]

Os valores universais do direito, da liberdade, igualdade e fraternidade — assim como a eventual empatia e até simpatia que o Sarmiento-escritor sente pelos beduínos e pelos gaúchos —, tudo isso parece sem valor ante a visão escatológica da história, cuja meta seria a civilização europeia e seu constante aperfeiçoamento. Essa contradição entre os princípios universalistas e iluministas do projeto republicano, por um lado, e o particularismo europeu-branco-capitalista-cristão de sua implementação prática, por outro, permeia toda a vida e obra do autor. O mesmo preconceito essencialista segundo o qual os povos não europeus e não cristãos seriam genuinamente incapazes de civilizar-se o leva, já em 1844, a defender uma política genocida contra os indígenas, em um brutal darwinismo social *avant la lettre*:

> Porque sejamos justos com os espanhóis. Ao exterminar um povo selvagem cujo território iam ocupar, faziam simplesmente o que todos os povos civilizados fazem com os selvagens, o que a colônia efetua deliberadamente ou indeliberadamente com os indígenas, absorve, destrói, extermina. Se este procedimento terrível da civilização é bárbaro e cruel aos olhos da justiça e da razão, é, como a guerra mesma, como a conquista, um dos meios de que a providência armou as diversas raças humanas e entre estas as mais poderosas e adiantadas, para substituirem-se em lugar daquelas que por sua fraqueza orgânica ou seu atraso na corrida da civilização não podem alcançar os grandes destinos do homem na terra. [*El Progreso*, 27 de setembro de 1844, em: Torres Molina, 1989]

Não há dúvida de que essa condenação sumária de etnias inteiras é racista, contudo de um racismo antes cultural, não exatamente genético-biológico.[65] A história universal é considerada disputa entre os povos

[65] A dimensão racista no pensamento de Sarmiento é manifesta, mas difícil de definir ou periodizar, pois é variável e contraditória, e parece que se tornou mais virulenta com o passar do tempo. Ele começou como homem da Ilustração, como discípulo dos socialistas moderados, como republicano radical, reivindicando, em *El Zonda*, em 1839, antes da proibição desse semanário por ele editado em San Juan, por exemplo: "Igualdade de direito de independência, e confraternização entre todos os povos de uma república, e entre todas as nações da terra. Este princípio se expressa por esta só palavra: Cosmopolitismo. Obrigação de seus governantes de educar o povo, sem distinguir o homem da mulher, nem o *caboclo*, nem o *mulato* dos que se chamam nobres, nem o filho legítimo do ilegítimo; porque foi o pensamento da revolução americana, o qual desgraçadamente ainda não se executa em alguns de nossos povos" (Sarmiento 1839:76). "Como já se disse, Sarmiento crê que tanto o índio 'puro' como o negro 'puro' são biologicamente inferiores e incapazes do progresso. Contudo, estudando-se seus textos isoladamente, é possível confundir-se com respeito ao que Sarmiento opina sobre o negro" (Garrels, 1997:105). Sarmiento defende alguns conhecidos negros e de um modo geral os mestiços contra seus difamadores:

e as raças, uma corrida no caminho histórico de estágios primitivos para estágios mais adiantados, em que os grupos mais bem-sucedidos, identificados etnicamente com os europeus, teriam o direito de explorar, expropriar e eventualmente eliminar os mais atrasados ou simplesmente os mais fracos. Quanto mais a ideologia do aperfeiçoamento civilizatório se aproxima da prática econômica e política, mais ela relativiza e desmente a ética e também a poesia. E até a lógica, pois como se pode excluir uma parte da humanidade de princípios e normas que pretendem ser universais? Vemos aí um claro retrocesso em relação ao pensamento das Luzes, de um Diderot e Raynal. Índios, gaúchos, muçulmanos, árabes, africanos simplesmente não eram considerados sujeitos dignos da história, só podiam ser objetos da ação dos europeus, também dos norte-americanos e dos sul-americanos europeizados. Por outro lado, as políticas e ideologias do colonialismo estavam profundamente arraigadas na opinião pública e na ciência da época, sendo consideradas normais no mundo inteiro, inclusive na América Latina, até a Segunda Guerra Mundial. Sarmiento repetia, sem muita originalidade, os corriqueiros estereótipos sobre a inépcia civilizatória dos povos não europeus e não cristãos. Como quase toda a opinião pública de seu tempo justificava o colonialismo com ideias racistas, pois a raça, a origem étnica, era vista como fator decisivo para a "civilizabilidade" de indivíduos e grupos humanos, para a velocidade ou lentidão dos povos na corrida aos "altos destinos da humanidade", que era o progresso do tipo europeu ou norte-americano.[66]

"[...] em uma de suas contribuições à famosa polêmica sobre o Romantismo versus o classicismo, Sarmiento aderira aos princípios da 'nova escola socialista' (o sansimonismo de Pierre Leroux e da *Revue Encyclopédique*), afirmando que já era hora de 'avergonhar-se que o plebeu, o mulato, com talento, com virtudes, seja desprezado e mantido em uma inferioridade imerecida'" (Garrels, 1997:108). Isto se refere a 1842, mas também em *Viajes*, Sarmiento elogia, na carta do Rio de Janeiro, a contribuição cultural dos mulatos, e a solidariedade e a musicalidade dos negros.

[66] Sobre a relação entre colonialismo e racismo, ver, por exemplo, McCarthy (2005:10): "No transcurso desta transformação histórica, as ideologias imperiais de 'cristãos contra hereges' abriram passo gradualmente às dos 'civilizados europeus contra os selvagens incivilizados'. No século XIX, a 'era do império', a rápida expansão do colonialismo na Ásia, no Pacífico e na África impulsionou um desenvolvimento maior das ideologias raciais, particularmente em conjunção com a aparição da biologia darwiniana e a antropologia física. Em resumo, havia uma interdependência constante entre colonialismo e racismo, entre o assentamento da dominação imperial e a formação de ideologias raciais". Sobre o racismo anti-árabe e anti-islâmico

Em outro livro autobiográfico da mesma época, *Recuerdos de provincia*, o próprio autor, contudo, se confessa descendente de árabes, dando-se, portanto, uma ascendência multicultural.[67] A contradição entre "sua simpatia visceral e ao mesmo tempo recusa política para o homem primitivo do pampa, que lhe parecia comparável com o nômade árabe" era, assim, uma contradição dentro de si mesmo e sua ascendência (Verdevoye, 1993:690). Em sua carta de Madri, considera a cristianização da Espanha um retrocesso civilizatório, que teria destruído as conquistas técnicas e culturais dos árabes na Península (162-163).

Um dia, em Máscara, perto de Orã (Oran), o viajante, depois de uma pequena excursão, volta ao posto militar, onde o espera uma surpresa emblemática, ainda que de certa forma preparada por ele mesmo:

> Retornando de nossa partida de caça, [...] voltei à casa do general Arnault onde me aguardava uma seleta reunião de oficiais superiores convidados para comer. O general, antes de nos pormos à mesa, mostrando-me um número da *Revista de Ambos Mundos*,

dos europeus, ver Said (2008, p. ex., p. 274): "[...] todo europeu, em tudo o que podia dizer sobre o Oriente, era, em consequência, racista, imperialista e quase totalmente etnocêntrico". "Até o clássico arauto da democracia e do liberalismo, Alexis de Tocqueville foi não só um colonialista convicto, mas também um não menos convicto racista, muito próximo das posições de Sarmiento, o qual provavelmente conhecia a sua memória *Travail sur l'Algérie*, de 1841, espécie de parecer sobre os progressos, obstáculos e potencialidades da política colonial na recém-conquistada Argélia (Tocqueville, 2002). Vê na colônia uma guerra entre uma "raça esclarecida" e uma "raça ignorante" (Tocqueville 2002:5), e não duvida que os "esclarecidos" têm o direito de se apoderar das terras dos "ignorantes", pois saberiam aproveitá-las melhor. E reconhece que uma guerra colonial tende a ser uma guerra total, vitimando a população civil, queimando as suas safras, combatendo homens desarmados, mulheres e crianças, diferentemente de uma guerra na Europa, que se trava basicamente entre dois exércitos (Tocqueville, 2002:15). Essa brutalidade contra a população civil, violando os princípios universais, é particularmente necessária quando se pretende assentar colonos, o que pressupõe a expulsão dos camponeses autóctones.

[67] Ver o capítulo "Los Albarracines", em *Recuerdos de provincia* (36 e ss.), onde Sarmiento afirma as origens árabes da família de sua mãe. Em sua carta de Madri ele ressalta as afinidades entre espanhóis e árabes: "O espanhol de hoje é o árabe de ontem, frugal, desenvolto, gracioso na Andaluzia, poeta e ocioso por todas as partes; goza do sol, se embebeda pouco, e passa seu tempo nas esquinas, tabernas e praças" (*Viajes*, 165). Então Sarmiento era argentino de nascimento, funcionário chileno, culturalmente francês, e de origem duplamente árabe, por ascendência familiar e pela origem espanhola. Assim, o ódio aos árabes parece ser uma espécie de auto-ódio, rejeição de suas origens parcialmente "bárbaras". Sobre a relação de Sarmiento com o mundo árabe, ver também Verdevoye, (1993:692).

> me disse: "Veja o Sr. como até no centro da África estamos a par do que acontece no mundo", indicando-me com o dedo o título "*Civilização e Barbárie*" do livro cuja análise publicou aquela *Revista*. [198]

No meio do semideserto, o comandante do lugar, com quem fez amizade, o general Arnault, aliás Renault,[68] lhe mostra o que trouxe o correio do dia: o último número da *Revue des Deux Mondes* com uma resenha do *Facundo*.[69] Ser citado e apresentado nessa revista, uma espécie de órgão central da opinião pública dos dois lados do Atlântico, garantia reputação mundial, inclusive na América Latina, onde era lida regularmente pelos formadores de opinião. A chegada da revista à África é, portanto, reveladora para as relações culturais entre periferia e metrópole, e para o trânsito de Sarmiento entre as duas, como também para seu crescente prestígio literário e político na França.[70] O livro de e sobre uma região marginal do globo é apresentado e elogiado em uma região central, de onde sua fama se difunde para outra região marginal, o que forma um triângulo hierárquico de relações políticas e culturais, com Paris na ponta, o Pampa e a Argélia na base. Realmente, a revista chega, para o viajante, na hora oportuna ao lugar oportuno, onde está se desenrolando o mesmo conflito que é tema central do livro resenhado, o choque entre "civilização" e "barbárie", segundo Sarmiento, a força motriz da história universal. Visto assim, o *Facundo* é uma apologia do colonialismo, um livro também sobre a África e sobre qualquer região em que populações consideradas um estorvo para o 'progresso civilizatório' são combatidas, subjugadas ou até aniquiladas.

Naturalmente, o autor se alegra de seu sucesso, que divulga em seu relato de viagem, embora a resenha, extensa e favorável, praticamente um resumo com longos trechos traduzidos, reduza *Facundo* a seu valor informativo e político, ignorando seus aspectos estéticos, o refinamento

---

68 O nome correto do general francês era Renault (Verdevoye, 1993:454).
69 Mazade, "De l'américanisme et des républiques du sud". Por iniciativa de Sarmiento, essa resenha foi traduzida para o castelhano e publicada no Chile, em 1851, com alguns trechos cortados por motivos desconhecidos. Ver o comentário de Verdevoye em seu precioso artigo, "Viajes por Francia y Argelia" (1993:674-675).
70 A imprensa francesa publicou também outros escritos sobre e de Sarmiento, o que o converteu em uma pessoa conhecida naquele país (Verdevoye, 1993).

de seu estilo e da sua composição, também as ambivalências da imagem do gaúcho e do pampa, da chamada barbárie em geral.

O general Renault também tem motivos de orgulho, pois a chegada da revista é sinal da inclusão de algumas regiões da Argélia no espaço civilizado mundial, um progresso que se deve à colonização francesa. Além disso, é sinal de sua cultura pessoal, pois, como assinante de uma prestigiosa publicação, esse militar pode demonstrar que também é um homem de letras. Os anfitriões e comensais de Sarmiento pertencem à mesma categoria social e cultural que ele, portadores e difusores dos mesmos princípios e valores universais, da civilização, do colonialismo, do racismo, leitores das mesmas publicações, participantes da esfera pública mundial. Também são estrangeiros na região, não exatamente viajantes, mas soldados, os dominadores do país, cultos, simpáticos, ainda que constantemente implicados em operações sangrentas que na Argentina se chamariam "campanhas do deserto", ou "repressão de *malones*", e nessa companhia Sarmiento parece sentir-se em casa:

> Durante a comida, a conversa rodou naturalmente sobre as aventuras daquela guerra singular, o porvir do país, e já inferirá o Sr. que devia ser interessante e animada. O general Arnault é o chefe francês que penetrou mais *terra adentro* no Saara, contando-me desta vez as dificuldades de sua empresa e os meios raros de que se havia valido para burlar a vigilância dos árabes e dar-lhes caça. Entre outras coisas, os *baqueanos* árabes me chamaram a atenção pela singular identidade com os nossos do Pampa. Como estes, cheiram a terra para orientar-se, provam as raízes das ervas, reconhecem as trilhas, e estão atentos aos menores incidentes do solo, as rochas, ou a vegetação. Mas os árabes deixam muito atrás nossos gaúchos, na assombrosa agudeza de seus sentidos. [198]

A guerra contra os "indígenas" africanos e a conversa sobre ela têm certo valor de entretenimento e "aventura". Ambas as "caças" são divertidas, quase esportivas: a caça de animais, praticada pelo autor naquele dia, e a caça de homens rebeldes, animalizados também no plano linguístico, pois para os oficiais caçar humanos parece ser uma ocupação interessante e normal, com a aprovação de Sarmiento. Se este deseja claramente a vitória do exército francês, por outro lado guarda respeito e admiração por alguns talentos dos árabes. Por exemplo, dos guias, que 'traduz' ao espanhol do Cone Sul como *baqueanos*, colocando-os em sua escrita hiperbólica acima de seus 'colegas' argentinos. E quando viaja dentro da Argélia, depende totalmente de seus guias árabes e da boa vontade da população, com a qual até se identifica temporariamente. A travessia desperta seus "instintos gaúchos que dormem em nós", e até deseja "dar-me ar de um agah ou um tolba[71] árabe", o que é útil, e além disso "poético" (188).

De novo, um elemento de uma cultura serve para entender, mediante a comparação ou equiparação, um elemento de outra cultura. Por trás, existe a ideia de que o mundo está cheio de afinidades, correspondências e diferenças, de modo que as culturas se explicam, se aclaram, se interpretam mutuamente para o observador cosmopolita que assim pode compará-las, relacioná-las, distingui-las. E também a ideia, querida aos pensadores das Luzes, de que os homens, no essencial, são iguais ou parecidos em todas as partes do mundo.

Transferência ou diálogo cultural?

> Não é sem dúvida belo e consolador imaginar-se que em um dia não muito distante todos os povos cristãos não oferecerão senão um mesmo povo, unido por estradas de ferro ou vapores, com linhas postais de um extremo a outro da terra, com o mesmo vestuário, as mesmas ideias, as mesmas leis e constituições, os mesmos livros, os mesmos objetos de arte? Pode isto não ser muito próximo; mas marcha e chegará a seu alvo, a despeito, não do caráter dos povos em que não creio, mas do diverso grau de cultura em que a espécie se encontra, em pontos dados da terra. [123]

[71] Agah: oficial do exército turco; tolba: médico ou sábio de uma das tribos africanas (Rojas, 1993:573 e ss.).

O vaticínio sobre a inevitável e desejável uniformização do mundo — ideia que lhe ocorre ao enaltecer os prazeres públicos de Paris e da civilização francesa em geral como modelo e meta para a marcha da civilização no mundo — é tipicamente sarmientino: perspicaz e míope, brilhante e superficial, admirável e assustador ao mesmo tempo, retoricamente refinado. É inegável constatar, desde Colombo e os descobrimentos, uma expansão comercial, política e militar da Europa, flanqueada pela propagação do cristianismo, o gradual estabelecimento de um mercado mundial, a difusão das ciências e tecnologias modernas, com uma tendência para certa unificação material e cultural do mundo. Mas por que restringi-la aos povos cristãos? A exclusão dos não europeus é uma constatação ou um desejo? Qual seria o vínculo entre a religião cristã e a civilização? E se povos não cristãos podem cristianizar-se, o que era um fato inclusive na América Latina, por que não poderiam civilizar-se? Por que negar a possibilidade de mudanças sociais e culturais fora do mundo europeu? E mesmo que os não cristãos fossem incluídos: idealizar e promover a homogeneização de cada nação e do mundo inteiro acarretaria necessariamente a discriminação e até a perseguição daqueles grupos que, real ou supostamente, não querem ou não podem ser 'homogeneizados'. Por outro lado, na frase seguinte, o autor volta a uma visão universal da história e da civilização, pois afirma, apoiando-se em Fourier, a capacidade do homem e de sua inteligência de "melhorar o universo" (123), sem limitações culturais ou religiosas. A ideia da perfectibilidade do homem e do mundo, uma herança das Luzes, Sarmiento nunca a abandonou, como nunca abandonou o preconceito antiuniversalista de uma marcha civilizatória limitada ao mundo ocidental e cristão.

Ele desconsidera, embora no fundo o saiba, que o progresso da civilização, do capitalismo e do cristianismo não somente promove uma assimilação e homogeneização das sociedades e culturas, mas também tendências opostas, ou seja, desigualdades e injustiças, migrações e fugas, a escravidão e genocídios, guerras e outras formas de violência, as barbaridades cometidas ou provocadas pela Civilização. Desconsidera também fenômenos de diversificação e diferenciação interna das próprias culturas europeias, pelo contato cultural com o mundo não europeu. Pois se todo o mundo vai a Paris, se todo mundo imita os parisianos, isso tem repercussões em Paris, que vai se tornando cada vez mais internacional, mais diversificada, mais exótica, mais estranha aos próprios franceses. Por exemplo, não só Argel se afrancesa, mas Paris também se arabiza, já nas primeiras décadas do século XIX, um processo que se acentua nos séculos XX e XXI.[72]

As suas afirmações apodícticas provocam outra pergunta: seria desejável a uniformização do mundo? O próprio Sarmiento, como homem sensível e sensato, não parece convencido, e nós hodiernos muito menos, pois o que era uma utopia para ele, como ideólogo, hoje em dia, em alguns aspectos do dia a dia, se tornou uma realidade assustadora. Há uma contradição entre seu aplauso acrítico pela tendencial unificação cultural do mundo e sua própria valorização da diferença, da diversidade cultural e social, das culturas supostamente bárbaras, nas Américas, na Europa, na África. Seus relatos e meditações em *Viajes*, *Facundo* e *Recuerdos de provincia* são homenagens, talvez involuntárias, à multiplicidade e à variedade dos hábitos, formas de convivência, artesanatos e artes dos supostamente não civilizados. O ideólogo Sarmiento preconiza um aperfeiçoamento e uma assimilação das culturas e instituições conforme os modelos europeus e norte-americanos, a unificação cultural do mundo, o afrancesamento da Argentina. Mas o homem vivente, o artista em Sarmiento, o patriota, se alegra com as particularidades de cada cultura, de cada povo ou cidade ou povoado, e tem algum orgulho das formas culturais específicas e tradicionais da Argentina, ainda que sejam "selvagens". Parece insinuar que é melhor ser bárbaro do que não ter caráter próprio, já que a barbárie significa aventura, cor local, heroísmo, façanhas, horrores, martírios, sacrifícios, solidões, temas favoráveis à criação artística.[73]

---

[72] Ver Coller (2011), especialmente os capítulos "Introduction" e "The making of Arab Paris".

[73] Essas contradições se encontram em numerosos intelectuais, até entre admiradores das culturas colonizadas: "E não foi por casualidade que homens e mulheres como Gertrude Bell, T. E. Lawrence e Sl. John Philby, todos especialistas em Oriente, tiveram postos na região - por causa de seu conhecimento íntimo e especializado sobre o Oriente e os orientais. Eles formavam um 'grupo' - como Lawrence o chamou uma vez - unido por conceitos contraditórios e semelhanças pessoais: uma forte individualidade, uma identificação e uma simpatia intuitiva para com o Oriente, um sentido zelosamente guardado de sua missão pessoal no Oriente, uma excentricidade cultivada e finalmente uma desaprovação do Oriente". (Said, 2008:299).

Há quem considere Sarmiento um cego admirador, imitador e importador de culturas estrangeiras, europeias, hegemônicas, um pensador e político pró-colonialista ou pró-imperialista — juízo compreensível e não totalmente falso, mas simplificador e parcialmente injusto. É verdade que as generalizações desse polêmico missionário da Civilização podem ofuscar as atitudes e reflexões diferenciadas, matizadas, muitas vezes contraditórias do observador sensível e empático, que ele também é.

Poucas são suas afirmações totalmente inequívocas e coerentes diante da realidade francesa e as relações entre Europa e América Latina. Alternam-se ou misturam-se: sentimento de inferioridade e orgulho patriótico ante uma civilização considerada superior, entusiasmo pelos valores civilizatórios e sátira do mesmo entusiasmo, sentimento de familiaridade e de estranheza, olhar periférico e olhar metropolitano, fascinação pela política francesa e sua condenação, valorização de princípios burgueses e elogio às diversões, ideologia utilitarista e apoteose do *flâneur* com seu *far niente*, autoencenação e admissão de fraquezas próprias, egocentrismo e vontade de disolver-se na multidão, otimismo e pessimismo diante do progresso civilizatório. Estas qualidades psicológicas e literárias, que provocam certa distância com respeito a uma linguagem lógico-discursiva, diferenciam suas cartas-artigos de textos meramente informativos e lhes conferem um caráter não só dialogal, mas claramente literário, poético e retórico, ainda que só pontualmente ficcional. Um estilo versátil, solto, fluido, coloquial, erudito, imagético, folhetinesco, sério, irônico, inspirado, vigoroso, com um equilíbrio feliz entre parataxe e hipotaxe, um ritmo pujante, uma sonoridade eufônica, sedutora, embora sem artificialidade, sem vistoso virtuosismo, sem chamativa pretensão estética.

Uma leitura diferenciada e multidimensional, atenta a alusões, insinuações, ambivalências, incoerências e contradições nas atitudes, observações e propostas do autor, permite perceber, como fio condutor, uma oposição entre suas convicções de ideólogo fixas, rígidas, obsessivas, burguesas, eurocêntricas, colonialistas, vinculadas à famosa dicotomia Civilização e Barbárie —, e, por outro lado, a emocionalidade do escritor patriótico, sua enorme curiosidade, impressionabilidade, sensibilidade e sensorialidade, chegando até a empatia com o ocioso, o lúdico, o inútil, também com os marginalizados e os supostos adversários da Civilização. Esta sinceridade, esta abertura para o real, inclusive para o outro, esta aceitação de certas incoerências e contradições, é o que gera a riqueza e a atualidade das observações, imagens e reflexões que o Ulisses argentino envia do mundo civilizado para a América Latina, para que esta possa educar-se e tornar-se realmente independente, integrando-se à comunidade das nações civilizadas. A própria dicotomia — civilização e barbárie — que atravessa toda a obra e a vida deste viajante quase vitalício se revela cambiante e duvidosa, pois como ideólogo quer transferir a civilização da Europa para a América Latina, missionando-a em uma espécie de catequese modernizadora, na qual combate e denigra as formas de vida e de cultura pré-modernas e não europeias. Mas como escritor romântico, como leitor de Herder, Rousseau e Hugo, como patriota, homem sensível e apaixonado do interior do continente e da gente humilde, Sarmiento se distancia desse racionalismo utilitarista para valorizar o Outro, o Alheio, o Selvagem, com sua paisagem e sua cultura. Simpatiza com aspectos daquilo que chama barbárie, levando-a simbolicamente da Argentina para a Europa, por meio de seus escritos, conversas e discursos. Pois o elemento genuinamente nacional pode ser atrasado, inculto, bárbaro, mas é aquilo que pertence à pátria e ajuda a constituir sua identidade. Ou seja, o outro bárbaro é também o próprio da Nação, talvez até seu núcleo, indispensável para a afirmação da diferença e da identidade da Argentina e da América do Sul perante o resto do mundo. A civilização, europeia e transnacional, presente também nas cidades argentinas, e a barbárie, nacional e extraeuropeia, presente também na Europa, não só se combatem como também se complementam e se condicionam. Não se deve esquecer que a dicotomia no título do *Facundo* é *civilización y barbarie* [civilização e barbárie], com a cópula "*y*" [e]. Em muitos comentários e interpretações, não sem culpa do próprio Sarmiento, ela foi substituída erroneamente pelo "*o*" [ou], como se fossem alternativas excludentes. Mas, no fundo, não se tratava de trocar uma das tendências históricas pela outra, mas de conjugá-las, por mais difícil que fosse.[74]

[74] Sobre esse "y", ver Svampa (2006:65).

Na França o autor constata que nem todos os males sociais, morais e políticos do mundo vêm da periferia; elementos bárbaros existem também na metrópole, no centro da civilização, onde há sinais modernos de "abjeção", "embrutecimento" e "vida selvagem", cinismo, oportunismo, inclusive entre as classes dirigentes, sob formas sofisticadas, a fraude eleitoral, a burla da Constituição e das leis, o saque dos cofres públicos. Em outros países civilizados há outros fenômenos incivilizados: nos Estados Unidos, a escravidão, por exemplo. A mentira, a irresponsabilidade, a violência em escala institucional e sistemática — tudo isso não vem de fora, nem do Pampa, nem da Argélia, nem de outros espaços ou populações "selvagens", tudo isso vem dos centros das Luzes. A barbárie não é peculiar aos países arcaicos, extraeuropeus, não é uma mácula limitada a certas regiões, culturas ou raças sul-americanas ou africanas, fora ou à margem do mundo civilizado. Ao contrário, a civilização está ameaçada por sua tendência autodestrutiva, pois é em seu seio que se produz sua própria contradição e sua própria corrosão. O sangrento Rosas, os caudilhos do Pampa têm seus aliados no centro do poder da metrópole, os quais, com toda a sua corrupção, sua ignorância, seu apoio à barbárie argentina, nasceram e se formaram na França, em Paris, nos centros do saber e do poder. O tráfico de influência, a compra de votos, a venalidade da imprensa, a mentira, a chantagem e a corrupção em todos os escalões políticos não são meros defeitos e erros, não são exceções, mas características intrínsecas do sistema monárquico, inclusive e sobretudo de seus elementos parlamentares.

> A França caiu neste horrível laço; e em vão se agita, luta, protesta; ela não é o país legal, nem o país eleitoral. [...] Quando se denuncia na tribuna um delito evidente como a luz, uma dilapidação escandalosa, provada, M. Guizot pede que a Câmara decida se está ou não satisfeita, e um movimento em massa da turba de cúmplices absolve de toda culpabilidade o rei e o ministério. Eis aí o país legal, eis aí os grandes homens da terra! [116-117]

Essas observações, de surpreendente atualidade ainda hoje em dia, precipitam o viajante em um profundo pessimismo, um desespero com o eterno retorno de fatos incivilizados dentro da Civilização, produzidos por ela mesma. Aflora, implícito, certo pressentimento de uma "dialética da civilização", que prenuncia, de longe, a *Dialética do esclarecimento*, de Horkheimer e Adorno, ainda que Sarmiento não seja um pensador dialético: "Não há nenhuma verdade reconhecida. Os povos não marcham para um fim, a história não tem ilação; há fatos, *voilà tout*, e o fato consumado é a lei do gênero humano" (117-118). Mas esses estados de desânimo não duram. E com a mudança de dias, lugares, temas, pessoas, mudam também as impressões e os estados de ânimo. No essencial, apesar de muitos defeitos, a Europa continua sendo positiva e exemplar, uma mestra do mundo, junto com os Estados Unidos. Contudo, a aprendizagem deve ser recíproca, pois o 'aluno' dos europeus também pode ser 'professor' de seus 'professores'. O viajante, ainda que seja de um país culturalmente 'inferior' e periférico, pode dar algumas 'lições' a seus interlocutores metropolitanos.

Contra as suas próprias posições ideológicas, Sarmiento é um mensageiro de culturas 'incivilizadas', valorizando o não europeu, o mestiço e o selvagem, não somente por meio do folclore, mas de bens do pensamento e da cultura erudita. Se em termos de bens materiais a América do Sul não dispõe ainda de produtos sofisticados para exportar, em termos de ideias e de artes, sim, tem algo que oferecer aos europeus, e eventualmente aos norte-americanos. Exemplos foram Esteban Echeverría, Bartolomé Hidalgo e Hilario Ascasubi, o próprio Sarmiento com o *Facundo*, autores e obras eruditas que devem sua originalidade e sua enorme projeção nacional e internacional em grande parte à cultura popular, à poesia oral e à temática da "barbárie" (*Facundo,* 39-41). Tem orgulho da nascente literatura gauchesca, que o acompanha em suas viagens e que ele não cansa de citar e elogiar (p. ex.: *Viajes,* 50-55).

Ele também quer informar os europeus sobre a situação política de sua terra de origem, sobre a questão do rio da Prata,[75] por exemplo,

[75] Série de conflitos nos anos 1830-50, entre a Confederação Argentina, por um lado, e Uruguai, Paraguai, Brasil, França e Inglaterra, por outro, por questões de fronteiras, de comércio, de direitos de navegação nos rios da Prata e Paraná, a situação de perseguidos políticos argentinos, a segurança de cidadãos franceses na Argentina

pois não aceita a ignorância nem o monopólio interpretativo das elites europeias sobre a América do Sul. Essa lição não é puramente acadêmica, já que poderia ter consequências práticas, econômicas, políticas e culturais.

Finalmente, o viajante, como 'aluno' fervoroso e ao mesmo tempo visionário, como profeta da civilização universal, chama a atenção dos metropolitanos sobre o contraste entre seus princípios civilizadores e a realidade parcialmente incivilizada em seus próprios países, um déficit que um observador externo, benevolente, mas crítico, escandalizado e desenganado, discerne talvez mais claramente que alguém de dentro. Submete muitas personalidades e instituições visitadas na Europa à sua ironia humorística ou sarcástica, relativizando a hierarquia entre as culturas da metrópole e da periferia.

Assim, Sarmiento foi um agente central do intercâmbio cultural entre a Argentina e o resto do mundo, um importador autoritário da cultura europeia, mas também um incansável propagador da cultura sul-americana e até árabe, além de ser também o seu difamador. Foi mais dialogal e mais complexo como literato do que como pensador, e foi mais dialogal e complexo como pensador do que como político. O pensador tinha mais limitações e preconceitos que o literato, e o político mais que o pensador, pois a imaginação literária é mais livre do que o pensamento social sujeito a regras de lógica e coerência, e o pensamento é mais livre que a atuação política dependente de instituições, alianças, oposições, estruturas econômicas e sociais.

A transferência de conhecimentos, habilidades, instituições e sensibilidades que Sarmiento promove e propaga, portanto, não é totalmente unidirecional; preconiza, implicitamente, uma relação de mão

---

e no Uruguai, as intervenções de Rosas no Uruguai. As duas potências europeias bloquearam o rio da Prata 1838-40, mas firmaram um pacto de paz com Rosas em 1840, o Tratado Mackau-Arana, muito criticado por Sarmiento no *Facundo* (p. ex., no capítulo XV, sobretudo p. 225-233). De 1845 a 1848 houve outro bloqueio, mas realizado com certa reticência por parte dos respectivos governos europeus. Estes visavam mais seus interesses comerciais e estratégicos, o que decepcionou os exilados argentinos, como Sarmiento, um tema constante também em *Viajes* (p. ex., 105-114). Em Paris, Sarmiento visitou o chanceler Guizot, que criticava do ponto de vista político, mas admirava como orador, o líder da oposição Thiers, com quem simpatizava, assim como o ministro da Marinha, Barão Mackau, que desprezava e ridicularizava (107); ver também Verdevoye (1993:666-669).

dupla, um processo recíproco, uma transculturação. Seu olhar a partir da periferia busca um intercâmbio de perspectivas e um diálogo tendencialmente em pé de igualdade. A Europa também pode aprender algo com a América do Sul; ambas têm uma espécie de mais-valias culturais e ambas têm déficits. Pois o afã sarmientino de aprender com a Europa não significa necessariamente subordinação ou imitação, mas a intenção de construir uma Argentina e uma América Latina mais democráticas, material e culturalmente mais ricas e independentes por intermédio de uma transferência seletiva, transformadora e incorporadora de conhecimentos, aptidões e atitudes, de acordo com as necessidades da população e do Estado que deve ser nacional, mas também civilizado e, portanto, cosmopolita. É o que deve haver inspirado o democrata e marxista que foi Mariátegui ao encontrar afinidades com o democrata liberal, e às vezes elitista e incoerente, que foi Sarmiento:

> Não faltam os que me supõem um europeizante, alheio aos fatos e às questões de meu país. Que minha obra se encarregue de justificar-me, contra esta barata e interessada conjectura. Fiz na Europa minha melhor aprendizagem. E creio que não há salvação para a Indo-América sem a ciência e o pensamento europeus ou ocidentais. Sarmiento, que é ainda um dos criadores da argentinidade, foi em sua época um europeizante. Não encontrou melhor modo de ser argentino.[76]

[76] Mariátegui (1979:3-4). O juízo desse famoso pensador da esquerda latino-americana, escrito nos anos 1920, é particularmente notável porque quase na mesma época começou na Argentina o chamado revisionismo entre alguns historiadores de direita e também da esquerda peronista, reabilitando Rosas como guardião dos valores nacionais e latino-americanos e denunciando Sarmiento justamente como europeizante, antinacional e serviçal do imperialismo, ideias que influenciaram os discursos de políticos como Perón e mais recentemente Menem, que se colocaram retoricamente na tradição do caudilhismo, de Facundo e de Rosas, paradoxalmente um indício do poder do discurso sarmientino, sem o qual pelo menos Facundo já estaria quase esquecido. Ver Halperin Donghi (2005); Svampa (2006, especialmente o capítulo III, p. 219-265); Alabarces (2012).

Referências

Textos analisados

SARMIENTO, Domingo Faustino. *Viajes por Europa, Africa i América 1845-1847*. Edição crítica de Javier Fernández, coordenador. Madri: CSIC, 1993. (Colección Archivos, nº 27) [edição citada].

____. Diario de gastos. Durante el viaje por Europa i America emprendido desde Valparaíso el 29 de Oct^{e} de 1845. Apresentação e transcrição de Paul Verdevoye. In: ____. *Viajes por Europa, Africa i América 1845-1847*. Edição crítica de Javier Fernández, coordenador. Madri: CSIC, 1993. p. 467-568. (Colección Archivos, nº 27).

____. *Viajes en Europa, Africa i América*. Santiago: Imprenta de Julio Belin, 1849a. Disponível em: <http://proyectosarmiento.com.ar/trabajos.pdf/viajes1.pdf>. Acesso em: ago. 2015.

____. *Viajes en Europa, Africa i América*. Segunda entrega. Santiago: Imprenta de Julio Belin, 1851. Disponível em: <http://proyectosarmiento.com.ar/trabajos.pdf/viajestomo2.pdf>. Acesso em: ago. 2015.

——. *Viajes por Europa, Africa i América 1845-1847*. Buenos Aires: Felix Lajouane, 1886. (Obras de D. F. Sarmiento. Publicadas bajo los auspicios del Gobierno Arjentino, tomo V). Disponível em: <https://archive.org/details/obrassarmiento05sarm>. Acesso em: jan. 2016.

Outros escritos de Sarmiento

SARMIENTO, Domingo Faustino. *Ambas Américas. Revista de Educación, Bibliografía y Agricultura*, Nova York, v. 1, 1867. Disponível em: <www.cervantesvirtual.com/obra/ambas-americas-revista-de-educacion-bibliografia-y-agricultura-volumen-1–1/>. Acesso em: ago. 2015.

____. *Correspondencia entre Manuel Montt y Domingo Faustino Sarmiento*. Disponível em: <www.proyectosarmiento.com.ar/trabajos.pdf/correspmonttsarmiento.pdf>. Acesso em: ago. 2015.

____. *De la educación popular*. Santiago: Imprenta de Julio Belin, 1849b. Também em: ____. *Educación popular*. Com apresentação de Juan Carlos Tedesco e Ivana Zacarías. La Plata: Unipe, Editorial Universitaria, 2011. p. 47-313. Disponível em: <www.cervantesvirtual.com/obra/de-la-educacion-popu-

lar–0/> e <www.proyectosarmiento.com.ar/trabajos.pdf/educpopular.pdf>. Acesso em: ago. 2015.

____. *Discurso presentado para su recepcion en el Instituto Istórico de Francia*. Valparaíso: Imprenta Europea, 1848. Disponível em: <http://pds.lib.harvard.edu/pds/view/7866033?n=1&printThumbnails=nohttp://www.proyectosarmiento.com.ar/trabajos.pdf/discurso%20de%20recepcionn%201851.pdf>. Acesso em: ago. 2015.

____. *Educar al soberano*. In: ____. *Obras completas de...* Buenos Aires: Univ. Nacional de La Matanza, 2001. v. XLVII.

____. *El Zonda*. Periódico semanal. Ano 1º, números 1-6, San Juan, 1839. Disponível em: <www.proyectosarmiento.com.ar/trabajos.pdf/elzonda.pdf>. Acesso em: ago. 2015.

____. *Facundo o Civilización y barbarie*. Prólogo de Noé Jitrik. Notas e cronologia de Nora Dottori e Silvia Zanetti. Barcelona: Biblioteca Ayacucho, 1985 [1845].

____. *Facundo ó Civilizacion e barbarie en las pampas argentinas*. Cuarta edicion en castellano. Paris: Librería Hachette, 1874. Disponível em: <www.proyectosarmiento.com.ar/trabajos.pdf/facundo.pdf>.

____. Informe presentado al Ministro de Instrucción Pública [1848]. In: *De la educación popular*. Santiago: Imprenta de Julio Belin, 1849c. p. 5-11. Também em: ____. *Educación popular*. Com apresentação de Juan Carlos Tedesco e Ivana Zacarías. La Plata: Unipe, Editorial Universitaria, 2011. p. 37-43. Disponível em: <www.cervantesvirtual.com/obra/de-la-educacion-popular–0/> e <www.proyectosarmiento.com.ar/trabajos.pdf/educpopular.pdf>. Acesso em: set. 2015.

____. *Memoria sobre educacion comun, presentada al Consejo Universitario de Chile*. Santiago: Imprenta del Ferrocarril, 1856. Disponível em: <http://openlibrary.org/works/OL1161896W/Memoria_sobre_educacion_comun> e <www.proyectosarmiento.com.ar/trabajos.pdf/educcomun.pdf>. Acesso em: ago. 2015.

____. *Recuerdos de provincia*. Caracas: Biblioteca Ayacucho, 1991 [1850].

Literatura de consulta

ALABARCES, Pablo. Las lecturas revisionistas de Sarmiento. In: AMANTE, Adriana (Org.). *Sarmiento.* Historia crítica de la literatura argentina. Dirigida por Noé Jitrik. Buenos Aires: Emecé, 2012. v. IV, p. 293-313.

AMANTE, Adriana (Org.). *Sarmiento.* Historia crítica de la literatura argentina. Dirigida por Noé Jitrik. Buenos Aires: Emecé, 2012. v. IV.

BAUDELAIRE, Charles. Le spleen de Paris. In: ____. *Œuvres*. Organizado por Y.-G. Le Dantec. Paris: Bibliotèque de la Pléiade, 1956 [1864, 1869]. p. 279-362.

BENJAMIN, Walter. El París del Segundo Imperio en Baudelaire. In: ____. *Iluminaciones II*. Baudelaire. Un poeta en el esplendor del capitalismo. Prólogo e tradução de Jesús Aguirre. Madri: Taurus, 1972. p. 21-170. Disponível em: <http://monoskop.org/images/d/d9/Benjamin_Walter_Iluminaciones_II_Baudelaire.pdf>. Acesso em: ago. 2015.

____. París, capital del siglo XIX. In: ____. *Iluminaciones II. Baudelaire. Un poeta en el esplendor del capitalismo.* Prólogo e tradução de Jesús Aguirre. Madri: Taurus, 1972. p. 171-190.

____. Sobre o conceito da história. In. ____. *Obras escolhidas.* Vol. 1. Magia e técnica, arte e política. Ensaios sobre literatura e história da cultura. Prefácio de Jeanne Marie Gagnebin. Tradução de Sérgio Paulo Rouanet. São Paulo: Brasiliense, 1987. p. 222-232. Disponível em: <http://rae.com.pt/wb2.pdf>. Acesso em: jan. 2016.

CABO, Josefina; NIJENSOHN, Camila. Bibliografia. In: AMANTE, Adriana (Org.). *Sarmiento.* Historia crítica de la literatura argentina. Dirigida por Noé Jitrik. Buenos Aires: Emecé, 2012. v. IV, p. 725-751.

CASANOVA, Pascale. *La république mondiale des Lettres*. Paris: Seuil, 2008.

COLLER, Ian. *Arab France*: Islam and the Making of Modern Europe, *1798-1831.* Berkeley; Los Angeles; Londres: University of California Press, 2011.

EICHENDORFF, Joseph von. *Wünschelrute* (1835). Disponível em: <http://gutenberg.spiegel.de/buch/joseph-von-eichendorff-gedichte-4294/188>. Acesso em: jan. 2016

FERNÁNDEZ, Javier. Bibliografía. In: SARMIENTO, Domingo Faustino. *Viajes por Europa, Africa i América 1845-1847*. Edição crítica de Javier Fernández, coordenador. Madri: CSIC, 1993. p. 1101-1108. (Colección Archivos, nº 27).

____. Cronología. In: SARMIENTO, Domingo Faustino. *Viajes por Europa, Africa i América 1845-1847*. Edição crítica de Javier Fernández, coordenador. Madri: CSIC, 1993. p. 619-632. (Colección Archivos, nº 27).

____. Introducción del coordinador. In: SARMIENTO, Domingo Faustino. *Viajes por Euroopa, Africa i América 1845-1847*. Edição crítica de Javier Fernández, coordenador. Madri: CSIC, 1993c. p. XVII-XXI. (Colección Archivos, nº 27).

GÁRATE, Miriam. *Civilização e barbárie n'Os Sertões*: entre Domingo Faustino Sarmiento e Euclides da Cunha. Campinas: Mercado do Livro, 2001.

GARRELS, Elizabeth. Sobre indios, afroamericanos y los racismos de Sarmiento. *Revista Ibero-americana*, v. LXIII, n. 178-179, p. 99-113, jan./jun. 1997. Disponível em: <http://revista-iberoamericana.pitt.edu/ojs/index.php/Iberoamericana/article/view/6230/6406>. Acesso em: ago. 2015.

GONZÁLEZ ECHEVARRÍA, Roberto. *Facundo*: an introduction. In: SARMIENTO, Domingo Faustino. *Facundo*. Civilization and barbarism. Tradução de Kathleen Ross. Berkeley; Los Angeles; Londres: University of California Press, 2003. 1-15.

HALPERIN DONGHI, Tulio. *El revisionismo histórico argentino como visión decadentista de la historia nacional*. Buenos Aires: Siglo XXI, 2005.

HARVEY, David. *Paris, capital of modernity*. Nova York; Londres: Routledge, 2003.

HUGO, Victor. *Notre-Dame de Paris, 1482*. Paris: E-books libres et gratuits, 2006 [1831]. Disponível em: <www.ebooksgratuits.com/pdf/hugo_notre_dame_de_paris.pdf>. Acesso em: nov. 2015.

INGENSCHAY, Dieter. Großstadtaneignung in der Perspektive des 'peripheren Blicks' [Apropriação da grande cidade na perspectiva do 'olhar periférico']. In: INGENSCHAY, Dieter; BUSCHMANN, Albrecht (Org.). *Die andere Stadt*: Großstadtbilder in der Perspektive des peripheren Blicks. Würzburg: Königshausen & Neumann, 2000. p. 7-19.

JITRIK, Noé. El *Facundo*: la gran riqueza de la pobreza. In: SARMIENTO, Domingo Faustino. *Facundo o Civilización y barbarie*. Prólogo de Noé Jitrik. Notas e cronologia de Nora Dottori e Silvia Zanetti. Barcelona: Biblioteca Ayacucho, 1985. p. IX-LII. Disponível em: <www.cervantesvirtual.com/obra-visor/el-facundo-la-gran-riqueza-de-la-pobreza/html/abaea0ac-1562-4b5f-9d77-cf1df09d6a5b_5.html>. Acesso em: ago. 2015.

KEIDEL, Matthias. *Die Wiederkehr der Flaneure*. Literarische Flanerie und flanierendes Denken zwischen Wahrnehmung und Reflexion. Würzburg: Königshausen und Neumann, 2006.

LASCAR, Alex. La grisette dans les romans et les physiologies (1825-1850): une incarnation de Paris. Nuances et ambiguïtés d'un stéréotype. 2008. Disponível em: <http://etudes-romantiques.ish-lyon.cnrs.fr/wa_files/Lascar.pdf>. Acesso em: jul. 2015.

MARIÁTEGUI, José Carlos. *7 Ensayos de interpretación de la realidad peruana*. Prólogo de Aníbal Quijano. Notas e cronologia de Elizabeth Garrels. Caracas: Biblioteca Ayacucho, 1979. Disponível em <http://resistir.info/livros/mariategui_7_ensayos.pdf>. Acesso em: jul. 2015

MAZADE, Charles de. De l'américanisme et des républiques du sud. *Revue des Deux Mondes*, t. 16, 1846. Disponível em: <http://fr.wikisource.org/wiki/De_l%E2%80%99am%C3%A9ricanisme_et_des_r%C3%A9publiques_du_sud>. Acesso em: ago. 2015.

MCCARTHY, Thomas. Filosofía política e injusticia racial: de la teoría normativa a la teoría crítica. *Estudios de Filosofía*, n. 31, p. 9-26, fev. 2005. Disponível em: <www.scielo.org.co/pdf/ef/n31/n31a02>. Acesso em: jan. 2016.

NELLE, Florian. *Atlantische Passagen*. Paris am Schnittpunkt südamerikanischer Lebensläufe zwischen Unabhängigkeit und kubanischer Revolution. Berlim: Tranvía, 1996.

____. *Sarmientos "Reisen"*: Vision eines neuen Amerika. Saarbrücken; Fort Lauderdale: Breitenbach, 1992.

NIETZSCHE, Friedrich. Der Wanderer und sein Schatten (Menschliches, Allzumenschliches, 2. Band, 2. Abteilung). In: ____. *Werke in drei Bänden*. Organizado por Karl Schlechta. Darmstadt: Wissenschaftliche Buchgesellschaft, 1997. 1. v., p. 871-1008.

____. *El nacimiento de la tragedia o Grecia y el pesimismo*. Introdução, tradução e notas de Andrés Sánchez Pascual. Madri: Alianza, 2002. [Die Geburt der Tragödie aus dem Geiste der Musik, 1872]. Disponível em: <www.olimon.org/uan/nietzsche-tragedia.pdf>. Acesso em: nov. 2015.

OPERÉ, Fernando. *La Argentina de Rosas*. Alicante: Biblioteca Virtual Miguel de Cervantes, 2011. Disponível em: <www.cervantesvirtual.com/obra-visor/la--argentina-de-rosas/html/d4b316f0-a0fb-11e1-b1fb-00163ebf5e63_16.html>. Acesso em: ago. 2015.

PAGNI, Andrea. Südamerikanische Blicke auf Paris und Rom: Beiträge zu einer Poetik des postkolonialen Standortes in Sarmientos *Viajes*. In: INGENSCHAY, Dieter; BUSCHMANN, Albrecht (Org.). *Die andere Stadt*: Großstadtbilder in der Perspektive des peripheren Blicks. Würzburg: Königshausen & Neumann, 2000. p. 35-43.

PENOT-LACASSAGNE. Splendeurs et misères de la grisette. Resenha sobre: LESCART, Alain. *Splendeurs et misères de la grisette*. Évolution d'une figure emblématique. Paris: Honoré Champion, 2008. *Acta Fabula. Revue des Parutions*, v. 10, n. 5, maio 2009. Disponível em: <www.fabula.org/revue/document5043.php>. Acesso em: ago. 2015.

ROJAS, Elena M. Nota filológica preliminar. In: SARMIENTO, Domingo Faustino. *Viajes por Europa, Africa i América 1845-1847*. Edição crítica de Javier Fernández, coordenador. Madri: CSIC, 1993. p. XXIII-XXVI. (Colección Archivos, nº 27).

ROJAS, Elena M. Glosario. In: SARMIENTO, Domingo Faustino. *Viajes por Europa, Africa i América 1845-1847*. Edição crítica de Javier Fernández, coordenador. Madri: CSIC, 1993. p. 573-598. (Colección Archivos, nº 27).

ROJAS, Elena M. Índice onomástico y toponímico. In: SARMIENTO, Domingo Faustino. *Viajes por Europa, Africa i América 1845-1847*. Edição crítica de Javier Fernández, coordenador. Madri: CSIC, 1993. p. 599-615. (Colección Archivos, nº 27).

ROJAS, Fernando. *El profeta de la pampa*. Vida de Sarmiento. Buenos Aires: Losada, 1951.

SAER, Juan José. Liminar sobre los *Viajes*. In: SARMIENTO, Domingo Faustino. *Viajes por Europa, Africa i América 1845-1847*. Edição crítica de Javier Fernández, coordenador. Madri: CSIC, 1993. p. XIII-XVI.

SAID, Edward W. *Orientalismo*. Tradução de María Luisa Fuentes. Barcelona: Debolsillo, 2008.

SANHUESA, Carlos. En busca de un lugar en el mundo: viajeros latinoamericanos en la Europa del siglo XIX. *Estudos Ibero-Americanos*, Porto Alegre, v. XXXIII, n. 2, p. 51-75, 2007.

SCHLÖR, Joachim. *Nights in the big city*. Paris, Berlin, London, 1840-1930. Londres: Reaktion Books, 1998.

SHUMWAY, Nicolas. *The invention of Argentina*. Berkely: University of California Press, 1991.

SVAMPA, Maristella. *El dilema argentino*. Civilización o barbarie. Buenos Aires: Taurus, 2006.

TORRE, Claudia. Sarmiento en viaje. In: AMANTE, Adriana (Org.). *Sarmiento*. Historia crítica de la literatura argentina. Dirigida por Noé Jitrik. Buenos Aires: Emecé, 2012. v. IV, p. 451-473.

TOCQUEVILLE, Alexis de. *Mémoire sur le paupérisme* (1835). Chicoutimi: Université du Québec, 2006. Disponível em: <http://classiques.uqac.ca/classiques/De_tocqueville_alexis/memoire_pauperisme_1/memoire_pauperisme_1.html>.

____. *Travail sur l'Algérie (1841)*. Chicoutimi: l'Université du Québec, 2002. Disponível em: <http://classiques.uqac.ca/classiques/De_tocqueville_alexis/de_la_colonie_algerie/travail_sur_algerie/travail_sur_algerie.pdf>. Acesso em: jan. 2016.

TORRES MOLINA, Ramón. Unitarios y federales. La formación del Estado nacional y el principio de soberanía. In: ____. *Estudios de historia constitucional*. La Plata: Centro de Investigaciones en Ciencias Políticas, 1989. Disponível em: <https://historiaconstitucional.wordpress.com/2013/01/01/colonialismo-y-autodeterminacion-de-los-pueblos/>. Acesso em: nov. 2015. Ou: <https://historiaconstitucional.wordpress.com/2013/05/19/unitarios-y-federales-la-formacion-del-estado-nacional-y-el-principio-de-soberania/>. Acesso em: jan. 2016.

VERDEVOYE, Paul. Notas aclaratorias. In: SARMIENTO, Domingo Faustino. *Viajes por Europa, Africa i América 1845-1847*. Edição crítica de Javier Fernández, coordenador. Madri: CSIC, 1993. p. 429-466. (Colección Archivos, nº 27).

____. *Viajes* por Francia y Argelia. In: SARMIENTO, Domingo Faustino. *Viajes por Europa, Africa i América 1845-1847*. Edição crítica de Javier Fernández, coordenador. Madri: CSIC, 1993. p. 639-715. (Colección Archivos, nº 27).

VIÑAS, David. *Literatura argentina y realidad política*. De Sarmiento a Cortázar. Buenos Aires: Siglo Veinte, 1974.

ZILLY, Berthold. A barbárie: antítese ou elemento da civilização? Do *Facundo* de Sarmiento a *Os sertões* de Euclides da Cunha. In: ALMEIDA, Angela Mendes de; ZILLY, Berthold; LIMA, Eli Napoleão de (Org.). *De Sertões, desertos e espaços incivilizados*. Rio de Janeiro: Mauad, 2001. p. 243-301. Disponível em: <www.acessa.com/gramsci/?page=visualizar&id=53>. Acesso em: ago. 2015.

____. "No soy el huésped, ni el extranjero, sino el miembro de la família." Ambivalencias en *Viajes por Europa, África i América 1845-47* de Domingo Faustino Sarmiento. *Revista de Humanidades: Tecnológico de Monterrey*, v. 27, p. 128-183, 2011. Disponível em: <www.cervantesvirtual.com/obra/numero-27-28-invierno-2009-primavera-2010/096a06e1-be3a-4812-aa14-8be9e786dbfc.pdf>. Acesso em: ago. 2015.

ZUBIZARRETA, Ignacio. *Los Unitarios*: faccionalismo, prácticas, construcción identitaria y vínculos de una agrupación política decimonónica, 1820-1852. Tese (doutorado) — Freie Universität Berlin, 2011. Disponível em: <www.diss.fu-berlin.de/diss/servlets/MCRFileNodeServlet/FUDISS_derivate_000000010145/Ignacio_Zubizarreta.pdf>. Acesso em: ago. 2015.

CAPÍTULO 3

Cem anos de solidão: o direito romano na constituição de Macondo*

Roberto González Echevarría

A tradição legalista romana é um dos componentes mais fortes da cultura latino-americana: de Cortés a Zapata, só acreditamos no que está escrito e codificado.
The New York Times Book Review, 1986, p. 34.

O CORONEL Aureliano Buendía, um dos protagonistas, tem o nome de um imperador, e o patriarca senil, José Arcadio Buendía, fala somente em latim. *Cem anos de solidão* é impregnado de ressonâncias do Império Romano. Essa observação não deve surpreender ninguém; Roma é a fundação inequívoca da cultura latino-americana, como deixam claro os recentes livros de Sabine MacCormack (2007) e David A. Lupher (2006). Andrés Bello e seu discípulo Simón Bolívar escreveram sobre a prevalência das ideias e práticas linguísticas e políticas de Roma na América Latina, mesmo quando se tornou independente da Espanha. E em *Ariel* (1900), o mais influente ensaio sobre a história da América Latina, José Enrique Rodó insistiu no vínculo filial entre Roma e os países que surgiram a partir do Império espanhol. Todos estavam corretos. Em sua famosa *Gramática*, Antonio de Nebrija declarou, em 1492, coincidentemente o mesmo ano da Descoberta do Novo Mundo, que "*siempre la lengua fue compañera del imperio*" ["a língua sempre foi companheira do império"] (Nebrija, 1989:109). Ele se referia, sem dúvida, à língua romana, que logo se tornaria o modelo daquela que os espanhóis estabeleceriam ao longo do Atlântico. Em seu nível mais

*Tradução de Pedro Barros.

profundo, o grande romance de Gabriel García Márquez está ligado a esses antecedentes latino-americanos remotos, mas determinantes e ainda atuais. Essa é uma de suas muitas virtudes. Minha proposta é que o direito romano é parte essencial da constituição do romance, tanto no sentido de suas origens textuais como da fundação fictícia de Macondo, a cidade criada pelos protagonistas do romance.

Também há alusões ao direito romano em *Cem anos de solidão* referentes aos princípios do discurso romanesco, em especial da América Latina. Como venho sugerindo em publicações desde 1984, inclusive em meus livros *Myth and archive: a theory of Latin American narrative* (1990) [Mito e arquivo: uma teoria da narrativa latino-americana] e *Love and the law in Cervantes* (2005) [Amor e direito em Cervantes], a organização de um Estado moderno pelos reis católicos Fernando e Isabel, com um sistema legal renovado, promoveu o desenvolvimento do que viria a ser o romance moderno, que surgiu das páginas de *La vida de Lazarillo de Tormes y de sus fortunas y adversidades* (1554), *Guzmán de Alfarache* (1599) e, principalmente, da obra de Cervantes, *Dom Quixote* (1605, 1615), mas também de suas *Novelas exemplares* (1613). Como fonte de histórias, descrições e situações que hoje chamaríamos de romanescas, o direito no reino espanhol na verdade remonta a *Siete partidas*, de Alfonso, o Sábio (escrito entre 1256 e 1276), um monumento jurídico, social, político e linguístico em que, pela primeira vez e de forma embasada, as especificidades da realidade — comércio de coisas e seres humanos — são expressas em um vernáculo rico e delicado. Todos os itens anteriores, juntamente com o épico, especialmente o *Poema del Mío Cid*, com seu desfecho de drama de tribunal, refletem a prevalência dos visigodos na Espanha medieval, o povo germânico mais romanizado entre os que se estabeleceram na Península.

Fora do reino espanhol, o romance manteria sua proximidade com a lei, que às vezes chegaria a tribunais, como nos casos de *Madame Bovary* e *Ulisses*. Também há uma constância de enredos e personagens que envolvem crimes; basta pensar nas obras de Dickens, Dostoiévski, Victor Hugo e Kafka. Com essa tendência, o romance se desvia de uma das suas fontes pressupostas, o épico, que se concentrava em protagonistas heroicos. Concentrando-se no anti-herói, o romance volta sua atenção para os infratores. O mundo muitas vezes sórdido do romance será o cenário para sua ação, seja a Sevilha dos romances picarescos espanhóis, seja a Londres de Dickens. Essa tendência segue até o presente, como pode ser visto em *A virgem dos sicários* (1994), célebre romance do colombiano Fernando Vallejo, que relata as aventuras de jovens assassinos a serviço de traficantes de drogas.

Mas foi por causa dos esforços centralizadores de Fernando e Isabel que o aparato legal ibérico, agora auxiliado pela prensa, estendeu-se por todo o reino e o Império em desenvolvimento, absorvendo qualquer atividade humana, especialmente as de criminosos e delinquentes de todos os tipos, cujas vidas frenéticas e variegadas foram submetidas à codificação escrita da lei. Toda comunidade organizada, particularmente a fundação e o crescimento das cidades no Novo Mundo, tinha de seguir uma legislação, que era cada vez mais completa e abrangente. Era uma forma de realismo judiciário que decisivamente moldaria as origens do romance, porque esse novo gênero era capaz de aproveitar, do arquivo histórico legal, novas histórias não derivadas de fontes literárias. O arquivo é o mediador entre a sociedade e o registro, a distribuição e a preservação do poder e da legitimidade, além de fornecer os meios retóricos necessários para inscrever todas as transações jurídicas.

O arquivo aparece proeminentemente em *Cem anos de solidão*. Está alojado no quarto de Melquíades, onde está sendo redigido o manuscrito que será o próprio romance e onde está armazenada a enciclopédia da qual é retirado o conhecimento que possibilita sua existência. A predominância de tudo o que é escrito e codificado em *Cem anos de solidão* ressalta esse aspecto fundamental do direito e suas ligações com as origens do discurso romanesco. O arquivo é o depósito da história registrada de Macondo, e também de sua *arqué*, seu segredo ou cifra — a cripta que salvaguarda seu código. Na dialética entre os dois — história e cifra — reside a poesia que é o cerne do romance, que cativa seus leitores, este leitor, sem se render a eles. Talvez esse segredo poético seja um vestígio do nascimento coevo do direito e da poesia, o que tem sido sustentado por alguns românticos, como Jacob Grimm ou Giambattista Vico, filósofo que o precedeu. Ambos situaram aquela origem compartilhada na violência primitiva, que apenas a linguagem poética consegue processar. A presença de ritmos e rimas em épicos como *Beowulf* ou nas sagas nórdicas poderia ser a prova dessa conexão entre direito e poesia em suas origens mais remotas. A violência na origem do surgimento do direito já está bem visível na Lei das Doze Tábuas (século V a.C.), um precursor primitivo mas inquestionável do direito romano, evidentemente cruel e sem poesia. O direito romano representa um estágio superior de desenvolvimento — em prosa, logicamente —, que visa substituir a violência pela razão.

É possível que vestígios do direito romano apareçam em *Cem anos de solidão* para provocar o leitor com a promessa de revelar o mistério de sua origem, o que, assim como em qualquer outra obra-prima, permanece definitivamente oculto. A constituição do romance é codificada naquele manuscrito cuja escrita parece ser simultânea a sua leitura, protegendo o segredo do texto na moradia livresca onde Melquíades rabisca seus hieróglifos indecifráveis. Os motivos que explicam por que o direito romano contém a possível fonte secreta do romance são históricos, e dizem respeito tanto à vida de García Márquez quanto à cultura latino-americana, de onde emerge o romance e da qual *Cem anos de solidão* tornou-se, para muitos, o emblema eterno.

Em seu brilhante livro, MacCormack argumenta convincentemente que o Império Romano foi o modelo para o domínio espanhol no Novo Mundo e que as ideias em que se baseou formam a concepção de história presente nas crônicas da Conquista, como as de Pedro Cieza de León e El Inca Garcilaso de la Vega, que relatam seu desenvolvimento. O Império Romano também permitiu que historiadores reconhecessem e interpretassem a civilização inca como um império. Diz ela em seu livro:

> O exemplo de Roma permitiu que reconhecêssemos o Estado inca como um império, e ao mesmo tempo o Império Romano foi percebido como um modelo e um precedente para o império espanhol. A legislação foi organizada e codificada com base nos antecedentes romanos, e povos e territórios eram governados de acordo com normas, muitas das quais de origem romana. [MacCormack, 2007:xviii]

Mas, além disso — aqui realço o que diz MacCormack —, o passado romano, e por extensão o grego, ainda estava vivo no século XVI em muitas relíquias cotidianas remanescentes. O projeto de muitas cidades, de edifícios públicos e privados, a forma e a decoração de mobiliário e ferramentas domésticos, os títulos e funções dos representantes da Coroa mostravam a marca da antiguidade romana e pós-romana. Em toda a Península Ibérica pessoas viajavam a pé, a cavalo ou em carruagens sobre estradas romanas, passando por ruínas ou monumentos romanos que tinham resistido à erosão do tempo (MacCormack, 2007:5). (Isso nos remete ao famoso poema de Rodrigo Caro, "*A las ruinas de Itálica*".) MacCormack conclui que fundar uma cidade no Peru durante o século XVI significava exportar para os Andes um antigo modo mediterrâneo de olhar o mundo. Fundar cidades era uma tarefa primordial dos conquistadores, que, ao fazê-lo, incorporavam formalmente novos territórios à Coroa de Castela. Isso se refletiu na criação de Macondo, que abre o mundo romanesco de *Cem anos de solidão* e que, portanto, refere-se às origens do que se tornaria a América Latina.

Lupher nos dá uma visão mais polêmica da presença romana na América Latina do século XVI. O modelo político romano, alusões à história e a figuras famosas de Roma, bem como anedotas sobre a invasão romana da Península foram incorporados nas mentes dos espanhóis de quase todas as classes sociais. Os romanos eram um ponto de comparação tanto com as façanhas dos conquistadores, os quais eles alegavam ter superado, como com as culturas nativas, que também eram vistas como moralmente melhores que a dos romanos, e com quem os espanhóis em alguns casos se identificavam porque também tinham sido invadidos na Antiguidade. Os ibéricos se tornaram os heróis-vítimas dessa versão da história espanhola. Mas Roma era a referência obrigatória, particularmente nos prolongados debates sobre a Conquista, cujos participantes, como Bartolomé de las Casas e Juan Ginés de Sepúlveda, tinham vastas bases humanísticas e se expressavam em latim, mesmo que suas posições muitas vezes fossem guiadas por ideias medievais e neoescolásticas.

Durante o período colonial, havia enxames de juristas por todo o Império, negociadores entre a Coroa e seus territórios remotos através dos oceanos, promovendo uma cultura judiciária que sobreviveria à Independência — com igual proliferação de advogados. A Independência iniciou-se, na verdade, com uma manobra judiciária porque, assim que

Napoleão ocupou a metrópole, as colônias se declararam independentes dela. Isso levou à proclamação das repúblicas, um processo complicado que, após longas lutas internas e até mesmo guerras, terminou com a criação das atuais nações latino-americanas. Esses desenvolvimentos implicam a redação de Constituições, cujos modelos foram as da França e dos Estados Unidos, que, por sua vez, se basearam em exemplos clássicos, os quais, por fim, remetiam à Roma antiga. Várias Constituições foram elaboradas durante a transformação da Gran Colômbia na Colômbia de hoje, especialmente no século XIX, nas guerras entre federalismo e centralismo e no processo que culminou com o estabelecimento da república (A Constituição de 1886, uma das mais antigas da América Latina, vigeu até 1991; ver Martz, 1996). Eventos semelhantes ocorreram em outras partes da América Latina, onde a maioria dos patriotas e dos primeiros políticos estudara direito ou era de fato advogado. Isso é evidente no discurso político da América Latina, carregado de jargões legalistas até hoje. Como muitos desses fundadores também eram escritores, iniciou-se a tradição de eles também serem advogados, ou no mínimo terem estudado direito em algum momento de suas vidas. E é assim até o presente. A lista de escritores latino-americanos modernos que estudaram direito ou se tornaram advogados é interminável. Os seguintes nomes surgem rapidamente à mente: José María Heredia, José Martí, Cirilo Villaverde, José Eustasio Rivera, César Vallejo, José Lezama Lima, Carlos Fuentes, Mario Vargas Llosa, Octavio Paz e, claro, Gabriel García Márquez. O caráter humanista dos estudos jurídicos na tradição romana — com ênfase em história, lógica e principalmente retórica — tornou natural sua associação com a literatura.

No caso de García Márquez, e de muitos outros, a escolha do direito como carreira obedeceu às pressões dos pais, e isso, algo também usual, acabou fazendo com que largasse seus estudos. Outros, que terminaram o curso, acabaram abandonando a profissão. García Márquez frequentou apenas dois anos da faculdade de direito, entre 1947 e 1949. Se ele passou ou foi reprovado no curso de direito romano, existem discrepâncias entre seu próprio testemunho e o de seus biógrafos (Saldívar, 1997; Martin, 2010). García Márquez diz em suas memórias que, em sua segunda tentativa de estudar direito, dessa vez na Universidade Nacional de Cartagena, ele passou na matéria, graças à ajuda de uma prostituta do bordel em que viveu na época: "*Una de ellas, cuyo nombre y tamaños recuerdo muy bien, se dejó seducir por las fantasías que le contaba dormido. Gracias a ella aprobé derecho romano sin argucias*" (García Márquez, 2002:392) ["Uma delas, cujo nome e medidas lembro muito bem, se deixou seduzir pelas fantasias que eu contava dormindo. Graças a ela, passei em direito romano, sem trapacear" (García Márquez, 2002:360)]. O curso deixou uma marca notável em sua memória e imaginação, como será visto. Mas também se deve reconhecer que as ressonâncias do direito romano estão por todas as partes da América Latina e que, assim como as ruínas romanas visíveis na Espanha do século XVI, monumentos em estilo romano são abundantes nas capitais das repúblicas latino-americanas, celebrando as bases dos sistemas legais nacionais e servindo como uma homenagem a sua origem.

O direito romano, portanto, atinge García Márquez de duas maneiras. Uma é a longa tradição judiciária que começa com a Conquista e abrange todo o período colonial, mas que remonta a uma herança medieval em que o legado jurídico de Roma foi preservado apesar dos obstáculos gerados por invasões germânicas. Foi renovada pela escola de comentadores de Bolonha (século XII) e floresceu novamente durante o reinado de Fernando e Isabel. Na América Latina esse legado foi restaurado após a Independência e o estabelecimento das repúblicas, cujo modelo judiciário também era romano. Na era pós-Independência o direito romano passou para o Novo Mundo por meio de sua reformulação no Código Napoleônico.

A outra é a experiência pessoal de García Márquez, sem se considerar o que ele aprendeu na universidade no curso de direito romano, em que pode ou não ter sido aprovado e no qual alega ter sido bem-sucedido "*sin argucias*", ou seja, sem o auxílio de truques de memória ou malabarismos retóricos, mas assistido, conforme reitera, por aquela solícita ninfa com quem dormiu. A primeira maneira reflete sua experiência na Colômbia rural e urbana em que foi educado e os vários empregos que teve, principalmente o de jornalista, em que esteve bem próximo da política local e nacional. A segunda maneira deve incluir, além do curso universitário, as aulas a que assistiu nas boas escolas secundárias que frequentou, onde sem dúvida estudou história antiga e clássica, como é (ou era) comum nos currículos latino-americanos, como a minha escola em Cuba, e que se reflete ao longo de toda a sua obra. Por figurar no programa para o primeiro ano das faculdades de direito, o direito romano cresceu em prestígio e autoridade para ser a base de tudo o que veio depois, e na verdade é isso mesmo. É principalmente por isso que ficou registrado na imaginação e no depósito de conhecimentos de escritores como García Márquez.

Não estou sugerindo que García Márquez salpique sua prosa romanesca com jargões jurídicos, nem que advogados sejam retratados com uma luz muito positiva em suas ficções; pelo contrário. Quanto aos jargões, ouço ecos da terminologia jurídica apenas na seguinte passagem de "Os funerais da Mamãe Grande":

> *la Mamá Grande dictó al notario la lista de sus propiedades, fuente suprema y única de su grandeza y autoridad. Reducido a sus proporciones reales, el patrimonio físico se reducía a tres encomiendas adjudicadas por Cédula Real durante la Colonia, y que con el transcurso del tiempo, en virtud de intrincados matrimonios de conveniencia, se habían acumulado bajo el dominio de la Mamá Grande. En ese territorio ocioso, sin límites definidos, que abarcaba cinco municipios y en el cual no se sembró nunca un solo grano por cuenta de los propietarios, vivían a título de arrendatarios 352 familias.* [García Márquez, 1967b:134-35]
> [a Mamãe Grande ditou ao notário a lista de suas propriedades, fonte suprema e única de sua grandeza e autoridade. Reduzido às suas proporções reais, o patrimônio físico se limitava a três sesmarias adjudicadas por Decreto Real durante a Colônia e que, com o decorrer do tempo, em virtude de intrincados casamentos de conveniência, tinham-se acumulado sob o domínio da Mamãe Grande. Nesse território ocioso, sem fronteiras definidas, que abarcava cinco municípios e no qual jamais se semeou um só grão por conta dos proprietários, viviam como arrendatárias 352 famílias.] [García Márquez, 1968:159]

Quanto à representação de advogados, em *Cem anos de solidão* os que trabalham para a companhia bananeira são "*los luctuosos abogados*" [advogados fúnebres] (García Márquez, 1967a:255), "*ilusionistas del de-*

recho" [ilusionistas do direito], que praticam "*una hermenéutica delirante*" [uma hermenêutica delirante] (García Márques, 1967a:256), para isentar de culpa seus empregadores.

Vejo o direito romano como o tipo de discurso dotado com o prestígio e a autoridade necessários para forjar as bases de sociedades, como foi em Roma e é até hoje. Direito e literatura lidam com as experiências humanas mais fundamentais: nascimentos, mortes, amores e separações, crimes e punições, propriedade e comércio, parentesco e, mesmo após a vida, o testamento de uma pessoa. O direito também assume a redação gramatical, lexical e lógica e a interpretação de textos, atividades paralelas às da literatura e da crítica literária e seu discurso sobre as origens da cultura humana, que se mistura aos vários mitos sobre origens subjacentes em *Cem anos de solidão*. García Márquez, muito provavelmente de forma inconsciente, apela a esses mitos, assim como ao discurso jurídico, sem aprofundar-se em sutilezas filosóficas com as quais o direito romano define a própria existência de pessoas e coisas

Acredito que a presença do direito romano em *Cem anos de solidão* se deve ao intervalo de tempo da história de Macondo, que abrange toda a sua existência, particularmente sua fundação e início do desenvolvimento. É como se o autor quisesse apresentar toda a constituição de Macondo, em sua inteireza, assim como o direito romano é estudado desde suas origens na Lei das Doze Tábuas e, então, de forma crescente, incorporando todos os aspectos do comércio humano, até *Instituições*, de Justiniano (533 d.C.). A criação de um sistema judiciário é semelhante à de um universo fictício; em ambos os casos, todo o funcionamento de uma sociedade é redigido na medida real de suas dimensões. Não é preciso dizer, o direito romano foi o produto de uma evolução gradual, mas Macondo, em *Cem anos de solidão*, também o é. Estou ciente de que há ecos bíblicos nas páginas iniciais do romance, mas a fundação das cidades e o estabelecimento de um governo são mais diretamente relacionados a questões jurídicas e refletem a história colonial da América Latina, mencionada anteriormente. Nos primeiros episódios, e ao longo de todo o romance, os macondianos, principalmente os Buendías, são como a *gens*, os clãs primitivos que existiam antes das Leis das Doze Tábuas, que evoluíram para a organização de um Estado romano com seu sistema jurídico, o romano:

> Uma *gens* era um grupo de famílias que, no início, provavelmente viveram juntas em uma ou várias aldeias — ou pelo menos como vizinhas, ocupando um território coerente —, acreditando ser descendentes de um ancestral comum e compartilhando certos cultos religiosos. Tinham um nome comum, o *nomen gentile*, embora a regra fosse cada família pertencente à *gens* possuir seu próprio nome, o *cognomen* ou sobrenome, e, além disso, cada membro de uma família tinha um nome determinado. [Wolff, 1951:23]

A presença generalizada do direito romano no romance também é evidente em algo que foi atribuído, justificadamente, a ressonâncias da vanguarda literária: a predominância do escrito, precisamente devido à importância do arquivo e da enciclopédia. *Cem anos de solidão*, o romance, é aquele manuscrito rabiscado em um pergaminho em forma de folha, muito parecido com o "*pellejo hinchado y reseco*" (García Márquez, 1967a:549) ["pele inchada e ressequida" (García Márquez, 1970:420)] do menino morto que uma multidão de formigas arrasta ao final do livro. Menino e manuscrito são produtos paralelos que compartilham uma origem. Essa é a ficção da ficção. Mas antes dessa ficção, ou metaficção, é estabelecida a estrutura jurídica de Macondo em cujo fundo está o direito romano, a primeira legislação *escrita* a aparecer no Ocidente. É o primeiro código que, por ter sido registrado em papel, dota de legitimidade a sociedade da qual emerge e que, de muitas maneiras, funda. A autoridade da escrita, dos regulamentos que organizam a sociedade, começa com o surgimento da legislação romana. Seu prestígio era tamanho, que os povos germânicos que derrubaram o Império Romano tiveram de preservá-lo e adaptá-lo às regiões que ocupavam. Eles são um caso incomum de invasores que tiveram de admitir que eram inferiores aos povos que estavam conquistando. O direito romano reaparece, conforme observado, na escola de comentadores de Bolonha, e renasce mais tarde no Renascimento, decisivamente na Espanha de Fernando e Isabel. Sua durabilidade se estende até o presente, deixando um rastro significativo na evolução da América Latina, também já mencionado. Todas as guerras civis do século XIX, que reaparecem na história de Macondo, não apagam a presença do direito romano; são às vezes relacionadas a desentendimentos dentro de sua rede de intrincados decretos e leis. A história da escrita de *Cem anos de solidão* preserva, como uma sombra de sua origem, o registro do direito romano no sentido mais primordial.

Outro traço profundo de direito romano no romance é a liberdade dos personagens, sobretudo os patriarcas, que se sentem suficientemente independentes para migrar para um território vasto e selvagem e encontrar, por conta própria, uma cidade separada, autônoma da nação sem nome à qual pertenciam originalmente. O direito romano conferiu a liberdade e a cidadania a todos os habitantes de Roma e, após o Édito de Caracala (212 d.C.), a todos os moradores de seu imenso império. O imperialismo romano não era tanto de dominância, mas, sim, de incorporação e assimilação. É importante lembrar que esse processo ocorre aproximadamente na mesma época em que o cristianismo foi adotado por Constantino como a religião do Império (313 d.C.). Sua ação também concederia uma espécie de liberdade aos cidadãos, que não precisavam ter nascido cristãos, como foi o caso das primeiras religiões, mas podiam se tornar cristãos por vontade própria e desfrutar, graças a suas doutrinas, do livre-arbítrio, uma de suas principais características. Os ecos bíblicos no início de *Cem anos de solidão* não são apenas do Velho Testamento, mas também do Novo. José Arcadio Buendía não é reminiscente apenas de Moisés, mas também de um Messias que vem salvar seus irmãos e criar, com eles, uma sociedade utópica nova e justa, na qual durante muitos anos ninguém morrera ("*nadie era mayor de treinta años y donde nadie había muerto*" (García Márquez, 1967a:16) ["onde ninguém tinha mais de trinta anos de idade e onde ninguém havia morrido" (García Márquez, 1970:9)]). José Arcadio os protege da morte e lhes oferece uma imagem implícita do além-mundo.

Existem quatro outros elementos abrangentes que indicam a presença do direito romano em *Cem anos de solidão*: o assassinato de Prudencio Aguilar, que desencadeia a ação do romance; a cena em que o Coronel Aureliano Buendía está diante do pelotão de fuzilamento, que é repetida; a estrutura patriarcal dos Buendías, ancorada pela figura do *pater familias* José Arcadio Buendía; e a persistência do incesto na reprodução da família.

O enredo de *Cem anos de solidão* começa com a morte de Prudencio Aguilar nas mãos de José Arcadio Buendía, "*clasificada como un duelo de honor*" (García Márquez, 1967a:26) ["o caso foi classificado como um duelo de honra" (García Márquez, 1970:22)], em termos que refletem claramente a lei colombiana (e latino-americana), derivada da lei espanhola. Prudencio havia feito, em público, um comentário depreciativo sobre a falta de relações sexuais de José Arcadio com sua esposa Úrsula. O incidente lembra não apenas as conhecidas disputas pela honra em peças da Era de Ouro espanhola, mas a legislação referente a duelos, a qual, por sua vez, remonta ao direito romano e, na Idade Média, à prática documentada e discutida de "*riepto*", cujo regulamento já está presente nas *Siete partidas* (Otero Varela, 1955:14; Zaderenko, 1998:187). (O prolongado remorso sentido por José Arcadio Buendía reflete, ainda, o fundo cristão do romance.) Mas duelos eram fundamentais no início do direito romano, porque sua proibição significava que o Estado, não o indivíduo, seria responsável por restituições tornadas necessárias devido a perdas e danos ao corpo e à reputação. O duelo assume o lugar da vingança privada. O debate sobre a legalidade de duelos estendeu-se por toda a Idade Média, porque entre os povos germânicos, como os visigodos, a vingança privada era uma prática comum. No *Poema de Mío Cid* vemos o herói obedientemente apelar para o rei e suas leis quando suas filhas sofrem o chamado "*Afrenta de Corpes*", o abuso que lhes foi infligido por seus maridos, os infantes de Carrión. A partir de Fernando e Isabel, a Coroa proibia estritamente a realização de duelos, e com eles o "*riepto*", que consistia da enumeração, na presença de autoridades e do acusado, das infrações cometidas. O termo moderno "*reto*" é derivado de "*riepto*", e os dois vêm do latim *repetere*, "*que es una palabra del latín, que quiere dezir tanto, como recontar otra vez la cosa, diziendo la manera como se fizo*" (*Partidas*, *título 3*, Ley I, citado por Otero Varela, 1955:26).[77] ["que é uma palavra latina que significa tanto dizer algo novamente como narrar a maneira como algo foi perpetrado"]. Vestígios da prática aparecem em *Dom Quixote*, nos imbróglios envolvendo Fernando, Doroteia, Lucinda e Cardoso, e mais ainda em peças como *O burlador de Sevilha* e *O prefeito de Zalamea*, entre outras. Em *Cem anos de solidão*, o

[77] *"Riepto é um ato declamatório que precisa ser estudado em termos de 'narratologia'."*

reto é limitado a José Arcadio Buendía exortando Prudencio a armar-se porque iria se vingar dele, como acaba fazendo. Esse episódio inaugural evoca o fundo jurídico e literário aqui recordado.

É significativo que o incidente que põe em movimento a trama do romance tenha uma história repleta de conotações jurídicas, literárias e até mesmo religiosas. Há uma confluência de violência, direito e literatura em suas origens. Impulsionado por seu sentimento de culpa, José Arcadio Buendía inicia a peregrinação que culmina na fundação de Macondo, mas ele nunca se vê livre do arrependimento, e, como sabemos, o fantasma do Prudencio aparece para ele ao longo de todo o romance. *Cem anos de solidão* abre, assim, com um crime, embora a maneira como é definido significa que José Arcadio Buendía não poderia ser processado porque, em termos legais, as circunstâncias eximem sua culpa. De qualquer forma, o ato de vingança que inicia a trama é violento, com consequências que perdurarão. A violência continua, embora mais no entorno (exceto o massacre dos trabalhadores) do que na Macondo propriamente dita, espalhando-se por todas as guerras civis que Coronel Aureliano Buendía perde. Esses conflitos constituem o pano de fundo histórico, que alude às guerras entre liberais e conservadores na Colômbia pós-Independência. Ainda assim, a simples ideia de guerra civil remete aos primórdios da história romana: às lutas que incluem o assassinato de Júlio César, ao conflito entre Otávio e Marco Antônio e a outras disputas pelo poder. Em Macondo a violência chega com a companhia bananeira e a repressão à greve dos trabalhadores, que será ocultada, por sua vez, pelos advogados cuja desonestidade conseguirá apagá-la da história.

O romance começa com a cena paradigmática do Coronel Aureliano Buendía diante do pelotão de fuzilamento, que se repete e se tornou um dos mais memoráveis inícios de livros em qualquer idioma: "*Muchos años después, frente al pelotón de fusilamiento, el Coronel Aureliano Buendía habría de recordar aquella tarde remota en que su padre lo llevó a conocer el hielo*" (García Márquez, 1967a:9) ["Muitos anos depois, diante do pelotão de fuzilamento, o Coronel Aureliano Buendía haveria de recordar aquela tarde remota em que seu pai o levou para conhecer o gelo" (García Márquez, 1970:1)]. Nessa cena a lei e a violência estão ligadas, especificamente a violência sancionada por lei: a morte por fuzilamento é uma punição imposta por uma coletividade unificada, um ato de violência ordenado por uma lei, não importa quão eventual possa ser. A morte está implícita na violência, e em uma execução por fuzilamento fica explícita: há algo de poético nisso porque pertence à ordem, ainda que seja instantânea; é um instante e um espetáculo, evocando uma visão (pense-se na pintura icônica de Goya, *El fusilamiento del tres de mayo*). É bem geométrica a forma como os atiradores se alinham com o alvo humano, que está ciente e à espera do que inevitavelmente vai acontecer. É como uma coreografia da morte, com a lei responsável pelo roteiro. É por isso que o momento antes da morte, invocado pela cena da execução, é objeto de mistificações como aquela em que o indivíduo, naquele instante, consegue ter uma visão global de toda a sua vida, uma imagem poética, se é que alguma vez houve uma. É um instante de lucidez absoluta misturando terror e curiosidade, porque a vítima está prestes a atravessar para o outro mundo, se isso existir, uma pergunta que, para ele, está prestes a ser respondida.

A violência terminal também tem um componente erótico, porque implica o corpo (embora não em termos de violência moral), combinando dor e prazer. É, portanto, sublime, porque é difícil expressar tantos sentimentos e sensações simultâneos e contraditórios. É um momento visionário, ou mesmo profético, auxiliado em grande parte pela autoridade da vítima sacrificial, que é ungida por essa experiência definidora e, em todos os sentidos, definitiva. É por essa razão que a cena de abertura do coronel diante do pelotão de fuzilamento, e sua recorrência com outros protagonistas, como com seu filho Arcadio, projeta uma sombra tão longa sobre o restante do romance. O surgimento de Arcadio diante de um pelotão de fuzilamento é narrado com quase as mesmas palavras utilizadas anteriormente para seu pai: "*Años después, frente al pelotón de fusilamiento, Arcadio había de acordarse...*" (García Márquez, 1967a:68) ["Anos depois, diante do pelotão de fuzilamento, Arcadio haveria de se lembrar..." (García Márquez, 1970:74)]. E um pouco mais à frente: "*Fue ella [Remedios] la última persona en que pensó Arcadio, por años después, frente al pelotón de fusilamiento*" (García Márquez, 1967a:82) ["Foi ela a última pessoa em que Arcadio pensou, poucos anos depois, diante do pelotão de fuzilamento" (García Márquez, 1970:91)]. A cena repetida torna-se praticamente um ritual ou um refrão.

Punição coletiva sempre tem tons trágicos; o prisioneiro adquire uma aura sagrada, precisamente porque se acredita que será morto pela comunidade devido a uma infração que cometeu contra ela. A maneira como é morto muitas vezes também vem carregada de simbolismo: crucificações romanas, arremessar prisioneiros da Rocha Tarpeia e, durante a Revolução Francesa, decapitações por guilhotina. A execução do coronel por pelotão de fuzilamento e sua posição hierárquica enfatizam o caráter militar da punição e inserem no ato novas implicações jurídicas; exércitos realizam uma violência institucional regulamentada pelo Estado.

As recordações do coronel antes do fuzilamento, isto é, antes de sua morte iminente projetam uma aura poética, por causa de sua instantaneidade implícita; tudo o que se segue será amontoado naquele instante de clarividência provocada por sentimentos combinados de terror, prazer e lucidez. Esse conjunto de emoções tem seu "correlativo objetivo", para usar o conceito de T. S. Eliot, naquele bloco de gelo de que o Coronel se lembra: "*Al ser destapado por el gigante, el cofre dejó escapar un aliento glacial. Dentro sólo había un enorme bloque transparente, con infinitas agujas internas en las cuales se despedazaba en estrellas de colores la claridad del crepúsculo*" (García Márquez, 1967a:22-23)[78] ["Ao ser destampado pelo gigante, o cofre deixou escapar um hálito glacial. Dentro havia apenas um enorme bloco transparente, com infinitas agulhas internas nas quais se despedaçava em estrelas coloridas a claridade do crepúsculo"(García Márquez, 1970:18)]. Esse bloco transparente é como o mundo fictício de Macondo, com paredes sólidas mas translúcidas e relações internas que são como os raios de luz despedaçados em forma de estrelas. A relação entre gelo e Macondo é verificada quando é dito que, antes de fundar a cidade, José Arcadio Buendía sonhou com "*una ciudad ruidosa con casas de paredes de espejo*" ["uma cidade ruidosa, com casas de paredes de espelho" (García Márquez, 1970:24)], um sonho que ele não podia entender "*hasta el día en conoció el hielo*" (García Márquez,

[78] "A única maneira de expressar emoção em forma de arte é encontrando um 'correlativo objetivo'; em outras palavras, um conjunto de objetos, uma situação, uma cadeia de eventos que deve ser a fórmula *daquela* emoção; de forma que, quando são apresentados os fatos externos, os quais devem produzir experiência sensorial, a emoção é imediatamente evocada" (Elliot, 1975:48).

1967a:28) ["até o dia em que conheceu o gelo"]. Os raios internos representam as ligações entre os personagens e dão coesão e movimento para esse mundo. Gosto de vê-los como um reflexo (se me for possível) de obrigações que organizam a sociedade de acordo com o direito romano; são os laços determinantes, ainda que na maior parte invisíveis.

Já se disse que a Grécia deu ao mundo estátuas, "e Roma deu obrigações" — obrigações civis — (Dihigo, s.d.:5), e estas são como as relações de necessidade narrativa que formam a estrutura romanesca de Macondo, sua constituição, por assim dizer. Aristóteles foi o primeiro a teorizar sobre a necessidade narrativa em sua *Arte poética*; uma ideia análoga à cadeia de causa e efeito que, desde o Primeiro Motor, moveu o universo como um todo coerente do qual a ficção era uma imagem fiel. O filósofo escreve a respeito da tragédia: "Esses eventos [reconhecimentos e reversões] estavam tão enraizados na própria estrutura da trama, que eram os resultados inevitáveis ou prováveis de acontecimentos anteriores; pois há uma enorme diferença entre ser o resultado e seguir-se a algo" (Aristóteles, 1974:55). Portanto, o instante visionário que o coronel tem diante do pelotão de fuzilamento, um emblema da relação do indivíduo com a lei e a punição, projeta uma síntese completa de Macondo; toda a sua história, juntamente com os mecanismos que a constituem. O bloco de gelo é a imagem e o emblema de tudo isso.

Mas a lembrança mais forte que o leitor de *Cem anos de solidão* tem ao terminar o romance é de Macondo como uma sociedade construída em torno da família Buendía, a qual é organizada em torno da figura do patriarca, José Arcadio Buendía. Macondo é o foco do romance, se não seu protagonista. A Londres de Dickens, a Paris de Balzac, a Madri dos Galdós são cenários, todas oferecendo contextos ricos para o decorrer da ação. Em *Cem anos de solidão*, em contraste, a história de Macondo é contada desde sua fundação até seu desaparecimento, arrasada pelo vento. Há cidades com personalidade e significância próprias, de Atenas e Alexandria a Roma, Pompeia, Florença e, hoje, Paris e Nova Orleans, entre outras. Macondo, embora inteiramente fictícia, é uma delas, por causa de seu caráter primitivo e sua atmosfera mágica. O enredo do romance é traçado passando por seu nascimento, crescimento e ruína; deveria ter sido nomeada *Macondo*, como sugeri em outra ocasião (González Echevarría, 2007). A cidade não é tanto um contexto, como nas obras dos romancistas mencionados, mas um organismo social que surge, desenvolve-se e morre. Os personagens e suas relações são partes integrantes desse organismo. A cola que os une são as leis de Macondo, preservadas pelo costume, e não escritas, com exceção dos rabiscos de Melquíades. Macondo, assim, é um tipo de protagonista coletivo, porque o romance, na verdade, não tem um único protagonista individual. José Arcadio Buendía, coronel Aureliano Buendía, Melquíades e Úrsula Iguarán destacam-se e dão ao romance sua unidade e temática. Mas nenhum deles é profundo ou multifacetado É por isso que García Márquez não é um novo Cervantes, como alguns de seus mais recentes bajuladores afirmam (Martin, 2010): García Márquez não inventou um personagem de alcance universal que encarna questões fundamentais sobre a condição humana. A sobrevivência dos Buendías é mecânica e repete-se de maneira cômica, como todas as guerras civis em que o coronel sai derrotado.

O mais significativo em Macondo, para mim, é que se parece com uma Roma primitiva, constituída principalmente por uma família, semelhante à *gens* arcaica. As *gens* foram, como já se observou na menção a Wolff, um grupo de famílias patrícias na Roma Antiga — o que hoje chamaríamos de clã — com um ancestral e um sobrenome comuns. Nesse sentido, Macondo refere-se a esse estágio primitivo e histórico do direito romano que regulava a *gens*; é como um salto para trás no tempo. É uma espécie de primitivismo que aponta para uma condição peculiar da sociedade latino-americana, de origem medieval em questões relacionadas principalmente com a família. Em Macondo a família é a base de tudo. Expande-se genealogicamente não só da maneira normal (parentesco), mas também pela incorporação de membros que não são parentes, ou apenas através do pai. É o tipo de família que em Roma é chamada de "família agnatícia". Não apenas os filhos ilegítimos do coronel Aureliano Buendía são admitidos para o clã, mas também Arcadio, filho de Aureliano Buendía e Pilar Ternera, porque José Arcadio Buendía "*no pudo tolerar la idea que un retoño de su sangre quedara navegando a la deriva*" (García Márquez, 1967a:39) ["não pôde tolerar a ideia de que um rebento do seu sangue ficasse jogado por aí" (García Márquez, 1970:38)]. Rebeca, que não tem parentesco de sangue, também foi admitida: "*No tardaron en considerarla como un miembro más de la familia.*

[...] De modo que terminó por merecer tanto como los otros el nombre de Rebeca Buendía, el único que tuvo siempre y que llevó con dignidad hasta la muerte" (García Márquez, 1967a:44) ["Não tardaram a considerá-la um membro a mais da família. [...] De modo que acabou por merecer, tanto quanto os outros, o nome de Rebeca Buendía, o único que teve e que carregou com dignidade até a morte" (García Márquez, 1970:44)]. Chega um momento em que

> *La casa estaba llena de niños.* Úrsula había recogido a Santa Sofía de la Piedad, con la hija mayor y un par de gemelos que nacieron cinco meses después del fusilamiento de Arcadio. *Contra la última voluntad del fusilado, bautizó a la niña con el nombre de Remedios. [...] A los gemelos les puso José Arcadio Segundo y Aureliano Segundo. Amaranta se hizo cargo de todos. Colocó asientitos de madera en la sala, y estableció un parvulario con otros niños de familias vecinas. Cuando regresó el coronel Aureliano Buendía, entre estampidos de cohetes y repiques de campanas, un coro infantil le dio la bienvenida en la casa.* [García Márquez, 1967a:117]
> [A casa estava cheia de crianças. Úrsula tinha acolhido Santa Sofía de la Piedad, com a filha mais velha e um par de gêmeos que nasceram cinco meses depois do fuzilamento de Arcadio. Contra a última vontade do fuzilado, batizou a menina com o nome de Remedios. [...] Os gêmeos se chamaram José Arcadio Segundo e Aureliano Segundo. Amaranta encarregou-se de cuidar de todos. Colocou cadeirinhas de madeira na sala e instituiu um jardim de infância com outras crianças de famílias vizinhas. Quando o Coronel Aureliano Buendía regressou, entre estampidos de foguetes explodindo e repiques de sinos, um coro infantil lhe deu as boas-vindas na casa. [García Márquez, 1970:134]

No direito romano clássico, a família era como uma unidade social independente do Estado, simulando uma espécie de Estado autônomo, algo que foi progressivamente diluído com a decadência do Império e a influência dos costumes de outros povos dentro dele. A preservação do sobrenome Buendía e a repetição dos nomes também refletem um estágio primitivo da família romana, dos clãs ou *gens*. García Márquez pode, logicamente, ter observado essa prática nas atuais famílias colombianas e latino-americanas em geral. [Em um momento havia seis Roberto Gonzálezes vivos em minha própria família]. Mas a repetição de nomes e sobrenomes também deriva do caráter escrito do direito romano, que permeia todo o romance. Nomes e sobrenomes inscrevem os indivíduos em uma sociedade regida pela lei e também no mundo fictício de Macondo.

Além dessa peculiaridade saliente de *Cem anos de solidão* (todos observam e se lembram da repetição de nomes, que é outro elemento de humor no romance), há a figura do patriarca ou, em termos jurídicos mais precisos, o *pater familias*, José Arcadio Buendía, fundador de Macondo e do clã Buendía. O patriarcado na sociedade hispânica é mais profundo e mais amplo do que a lei é capaz de refletir, mas em sua origem foi codificado na figura e nas funções do *pater familias* de acordo com o modelo romano, que se mantém apesar das tentativas modernas de aliviá-lo. Em *Instituciones del derecho romano*, Pietro Bonfante (1929:165) afirma: "*frente al Estado no existe más que la familia como grupo y, queriendo respetar su independencia, aquél reconoce necesariamente la exclusiva y absoluta autoridad de su jefe*" [diante do Estado nada além da família representa um grupo, e, com o objetivo de respeitar sua independência, o Estado reconhece necessariamente a autoridade exclusiva e absoluta de seu chefe]. Em outras palavras, em relação ao Estado, os membros de uma família se comportam por meio do *parter familias* a que estão sujeitos, não como indivíduos independentes. Em Roma, a família era como um Estado dentro do Estado, uma prerrogativa enfraquecida somente com o passar do tempo e a influência de outras culturas. Bonfante ressalta (1929:160): "*El poder del* paterfamilias *sobre los* filiifamilias *tiene la misma naturaleza que la soberanía en los cuerpos políticos*" ["O poder do *pater familias* sobre o *filii familias* tinha o mesmo caráter da soberania nos corpos políticos"]. O poder do *pater familias* era tamanho, que incluía o direito de matar seus próprios filhos, um direito que acabou sendo abolido "*por la influencia del cristianismo*" (Bonfante, 1929:160). ["pela influência do cristianismo"]. José Arcadio Buendía e Macondo não chegaram a tais extremos, mas o fundador herdou algumas das características e direitos do *pater familias* romano, como não ter ancestrais vivos (Bonfante, 1929:160), que era um dos requisitos originais.

Em *Cem anos de solidão*, a figura e as funções de José Arcadio Buendía na sua evolução para se tornar o patriarca de Macondo claramente derivam do modelo do *pater familias* romano. Desde o início, refere-se a ele como um "patriarca juvenil" (García Márquez, 1967a:15; García Márquez, 1970:9), e é ele quem se compromete a fundar a cidade: "*En su juventud, él y sus hombres, con mujeres y niños y animales y toda clase de enseres domésticos, atravesaron la tierra buscando una salida al mar, y al cabo de veintiséis meses desistieron de la empresa y fundaron Macondo para no tener que emprender el camino de regreso*" (García Márquez, 1967a:16) ["Na sua juventude, José Arcadio Buendía e seus homens, com esposas, crianças, animais e toda espécie de utensílios domésticos, atravessaram a serra procurando uma saída para o mar e, ao fim de vinte e seis meses, desistiram da expedição e fundaram Macondo, para não terem de pegar o caminho de volta" (García Márquez, 1970:10)]. A menção a "esposas, crianças e animais" está conforme a composição da família romana sob o poder do *pater familias*, e também os "utensílios domésticos", que estavam da mesma forma sob sua jurisdição. Detalhes sobre a fundação de Macondo surgem mais para o fim do romance, depois de José Arcadio Buendía ter um sonho em que vê uma cidade com "*paredes de espejos*" (24) ["parede de espelhos" (García Márquez, 1970:24)] cujo "*nombre sobrenatural es Macondo*" ["nome sobrenatural é Macondo" (García Márquez, 1970:25): "*Al día siguiente convenció a sus hombres de que nunca encontrarían el mar. Les ordenó derribar los árboles para hacer un claro junto al río, en el lugar más fresco de la orilla, y allí fundaron la aldea*" (García Márquez, 1967a:28). ["No dia seguinte, convenceu os seus homens de que nunca encontrariam o mar. Ordenou-lhes derrubar as árvores para fazer uma clareira junto ao rio, no lugar mais fresco das margens, e ali fundaram a aldeia" (García Márquez, 1970:24-25)]. (Talvez seja ir muito longe ver a fundação de Macondo ao lado de um rio como um eco de Roma às margens do Tibre, ou talvez não.) Mais tarde, é José Arcadio Buendía quem decide

> *el trazado de las calles y la posición de las nuevas casas, de manera que nadie disfrutara de privilegios que no tuvieran todos. Adquirió tanta autoridad entre los recién llegados que no se echaron cimientos ni se pararon cercas sin consultárselo, y se determinó que fuera él quien dirigiera la repartición de la tierra.* [García Márquez, 1967a:39-40]

> [o traçado das ruas e a posição das novas casas, de modo que ninguém desfrutasse de privilégio a que nem todos tivessem acesso. Adquiriu tanta autoridade entre os recém-chegados, que não se punha cimento nem se construíam cercas sem consultá-lo, e se estabeleceu que seria ele quem dirigiria a distribuição da terra.] [García Márquez, 1970:39]

Não há nada mais básico ou sujeito ao direito romano em seus primórdios e evolução até o presente que a distribuição da terra, sua demarcação e cercadura, como ficou evidente na citação de "*Los funerales de la Mamá Grande*". (Em meu artigo de 1979 sobre *Doña Bárbara*, estudei o papel desempenhado pelo erguimento de cercas de arame farpado no romance.)

Pode-se acrescentar a isso o detalhe fantástico de que José Arcadio Buendía sincroniza os relógios musicais que, durante um período de existência da cidade, registram o tempo em Macondo:

> *Eran unos preciosos relojes de madera labrada que los árabes cambiaban por guacamayas, y que José Arcadio sincronizó con tanta precisión, que cada media hora el pueblo se alegraba con los acordes progresivos de una misma pieza, hasta alcanzar la culminación de un mediodía exacto y unánime con el valse completo.* [García Márquez, 1967a:40]
> [Eram maravilhosos relógios de madeira trabalhada que os árabes trocavam por papagaios e que José Arcadio Buendía sincronizou com tanta precisão, que, de meia em meia hora, o povoado se alegrava com os acordes progressivos de uma mesma peça, até culminar o meio-dia exato e unânime com a valsa completa.] [García Márquez, 1970:40].

Senhor do espaço e do tempo, José Arcadio Buendía ultrapassa os poderes do *pater familias* e dos patriarcas romanos com esse toque hiperbólico. Ultrapassa-os também com sua própria longevidade. Mas ele não pode derrotar o tempo (esse dilema irá reaparecer, bastante ampliado, em *El otoño del patriarca*). Quando José Arcadio Buendía é atingido pela senilidade, ele é amarrado a uma castanheira — uma alegoria evidente do personagem que funciona como as raízes e o tronco da árvore da família — e seus parentes perdem contato com ele, porque ninguém consegue entender o que balbucia. Essa linguagem ininteligível na verdade é latim, e seu único interlocutor é o padre local, com quem debate questões de teologia. O retorno a suas raízes (para ressaltar o tropo arborícola), típico da velhice, leva José Arcadio Buendía de volta a uma infância ou adolescência em que poderia ter sido coroinha ou seminarista, caso alguém pretenda dar uma explicação realista para o latim que fala (algo que o romance não faz), do qual emanam as fontes primárias de sua língua e cultura.

Com o incesto, que permeia a trama de todo o romance, *Cem anos de solidão* remonta a eras legislativas mais remotas que o direito romano; a um tipo de lei anterior ao direito, ou a uma primeira lei baseada em "não o farás". O tabu do incesto representa para Claude Lévi-Strauss (1967), como é amplamente conhecido, a primeira manifestação da cultura humana, a única prática universal, mesmo que dispersa em múltiplas variações, imutáveis ao longo do tempo e do espaço. Na tradição judaico-cristã, o incesto aparece pela primeira vez no *Gênesis*, quando Deus cria Eva a partir da costela de Adão, o que não só os torna irmão e irmã, mas, em termos atuais, praticamente clones. De sua união provém toda a espécie humana. É meticulosamente proibido em *Levítico* 18. O incesto também era proibido pelos costumes e leis romanos que precederam a adoção do cristianismo como religião do Império, e continuou a sê-lo, logicamente, após a fusão de ambos, como é evidente, por exemplo, em *Siete partidas*, de Alfonso, o Sábio. No direito romano, o parentesco era um "impedimento relativo" para o casamento:

> *El parentesco de sangre o cognación dentro de ciertos grados, es decir, entre ascendientes y descendientes hasta el infinito, entre hermanos y hermanas, entre tíos y sobrinos; en el Derecho cristiano también el parentesco espiritual entre padrino y ahijado […] La* afinidad *en relaciones análogas, o sea entre el padrastro y la hijastra, la madrastra y el hijastro, entre el suegro y la nuera, entre la suegra y el yerno; en el Derecho cristiano también entre cuñada y cuñado.* [Bonfante, 1929:185] [O parentesco de sangue ou cognação, dentro de certos graus, ou seja, entre ascendentes e descendentes até o infinito, entre

irmãos e irmãs, tios e sobrinhos; na lei canônica também a ligação espiritual entre padrinhos e afilhados [...] Por afinidade em relacionamentos análogos, que é entre padrasto e enteada, madrasta e enteado, entre pai e nora, entre mãe e genro; na lei canônica também entre cunhado e cunhada.]

A lei canônica já prevalece nas *Partidas* e continuará a influenciar toda a legislação a respeito do incesto dentro da órbita católica, particularmente em países hispanófonos. O incesto é assim definido nas *Partidas*:

> *Un pecado que llaman en latín* incestus, *que quiere tanto decir, como pecado que ome faze yaciendo a sabiendas con su pariente, o con parienta de su mujer, o de otra con quien ouiesse yacido, fasta el quarto grado; o si yoguiesse alguno con su madrastra, o con madre, o fija, o con su cuñada, o con su nuera, o si alguno yoguiesse con mujer de Orden o con su ofijada o con su comadre.* [Afonso, 1758: *Cuarta Partida*, título II, ley 13, 27]
> [É um pecado que em latim chama-se *incestus*, que equivale àquele que um homem comete ao deitar-se conscientemente com seus parentes, ou parentes de sua esposa, ou com um parente de outro com quem teria se deitado, até o quarto grau; ou se alguém deitasse com sua madrasta, ou com a mãe, a filha dela ou com a cunhada; ou se alguém deitasse com uma mulher ordenada, ou com sua afilhada ou sua mãe.]

A continuidade da influência do direito canônico pode ser observada na definição de "incesto" no *Diccionario de la lengua española* (1956:739), que diz sucintamente: "*Pecado carnal cometido por parientes dentro de los grados en que está prohibido el matrimonio*" ["Pecado carnal cometido por parentes dentro do grau de parentesco com quem é proibido casar" (739)]. Além dessas influências amplas, sabemos, a partir de declarações de García Márquez, que *Édipo rei* foi para ele um modelo perfeito e "elusivo" (García Márquez, 2002:322); o mito que a tragédia de Sófocles narra é, junto com a bíblica, uma das principais histórias de incesto da cultura ocidental.

O incesto é consubstancial com os fundamentos da cultura romano-cristã em que se baseia o mundo de Macondo. Paira sobre os cidadãos da cidade a partir do casamento de José Arcadio Buendía e Úrsula Iguarán, que dá início à família:

> *Eran primos entre sí. Habían crecido juntos en la antigua ranchería que los antepasados de ambos transformaron con su trabajo y sus buenas costumbres en uno de los mejores pueblos de la provincia. Aunque su matrimonio era previsible desde que vinieron al mundo, cuando ellos expresaron la voluntad de casarse sus propios parientes trataron de impedirlo. Tenían el temor de que aquellos saludables cabos de dos razas secularmente entrecruzadas pasaran por la vergüenza de engendrar iguanas. Ya existía un precedente tremendo. Una tía de Úrsula, casada con un tío de José Arcadio Buendía, tuvo un hijo que pasó toda la vida con unos pantalones englobados y flojos, y que murió desangrado después de haber vivido cuarenta y dos años en el más puro estado de virginidad, porque nació y creció con una cola cartilaginosa en forma de tirabuzón y con una escobilla de pelos en la punta. Una cola de cerdo que no se dejó ver nunca de ninguna mujer, y que le costó la vida cuando un carnicero amigo le hizo el favor de cortársela con una hachuela de destazar. José Arcadio Buendía, con la ligereza de sus diecinueve años, resolvió el problema con una sola frase: "No me importa tener cochinitos, siempre que puedan hablar".* [García Márquez, 1967a:24-25]
> [Eram primos. Tinham crescido juntos na antiga encosta que antepassados de ambos haviam transformado com o trabalho e os bons costumes num dos melhores povoados da província. Apesar de o casamento deles ser previsível desde que vieram ao mundo, quando expressaram a vontade de se casar, os próprios parentes tentaram impedir. Tinham medo de que aqueles saudáveis produtos de duas raças secularmente entrecruzadas passassem pela vergonha de dar à luz iguanas. Já existia um precedente terrível. Uma tia de Úrsula, casada com um tio de José Arcadio Buendía, teve um filho que passou toda a vida usando calças larguíssimas e frouxas, e que morreu de hemorragia depois de ter vivido quarenta e dois anos no mais puro estado de virgindade, porque nascera e crescera com uma cauda cartilaginosa em

forma de saca-rolhas e com um tufo de pelos na ponta. Um rabo de porco que nunca permitiu que fosse visto por nenhuma mulher e que lhe custou a vida quando um amigo açougueiro lhe fez o favor de cortá-lo com o cutelo. José Arcadio Buendía, com a leviandade de seus dezenove anos, resolveu o problema com uma única frase: "Não me importa ter leitõezinhos, desde que consigam falar".] [García Márquez, 1970:20-21]

Mesmo assim, a sombra do incesto permanece sobre eles "*como un común remordimiento de conciencia*" (García Márquez, 1967a:24) ["uma dorzinha comum de consciência" (García Márquez, 1970:20)]. Estende-se por toda a história de Macondo como uma espécie de pecado original, sobretudo em situações em que surge uma união entre membros da família, sejam parentes ou não.

Por exemplo, quando José Arcadio decide se casar com Rebeca, o que provoca uma comoção na cidade e Pietro Crespi lhe diz que ela é sua irmã e o casamento seria "*contra natura*" [contra a natureza], ele responde que "*se caga dos veces en natura*" (García Márquez, 1967a:86) ["Caguei duas vezes para a natureza" (García Márquez, 1970:96)]. Padre Nicanor "*reveló en el sermón del domingo que José Arcadio y Rebeca no eran hermanos*" (García Márquez, 1967a:86, o que era verdade em termos de sangue) ["O padre Nicanor revelou, no sermão de domingo, que José Arcadio e Rebeca não eram irmãos" (García Márquez, 1970:96)], mas, após o casamento, Úrsula proíbe que entrem em sua casa. O tema reaparece quando Aureliano José quer se casar com sua tia Amaranta. Contam-lhe "*el viejo cuento del hombre que se casó con una tia que además era su prima, y cuyo hijo terminó siento abuelo de sí mismo*" (García Márquez, 1967a:132) ["a velha história do homem que se casou com uma tia que, além disso, era sua prima, e cujo filho acabou sendo avô de si mesmo" (García Márquez, 1970:153)]. Isso leva diretamente ao seguinte diálogo:

> — ¿Es que uno se puede casar con una tía? — preguntó él [Aureliano José] asombrado.
> — No sólo se puede — le contestó un soldado — sino que estamos haciendo esta guerra contra los curas para que uno se pueda casar con su propia madre. [García Márquez, 1967a:132]

> [— Uma pessoa pode casar com a própria tia? — perguntou [Aureliano José], assombrado.
> — Pode, e não só isso — respondeu-lhe um soldado —, pois estamos fazendo esta guerra contra os padres para que a pessoa possa se casar até com a própria mãe.] [García Márquez, 1970:153]

Em outras palavras, a luta contra os conservadores desafia a herança católica romana, que é o mais forte baluarte do tabu do incesto. Tudo isso é resolvido ou acertado com o nascimento do filho de Amaranta Úrsula e Aureliano, que vem à luz, de fato, com um rabo de porco (García Márquez, 1967a:347).

É altamente significativa a ligação entre o manuscrito de Melquíades, que na ficção é a história de Macondo, e a pele seca da criança morta, que é o produto do incesto. Com isso, é cumprida a profecia da cigana: "El primero de la estirpe está amarrado en un árbol y al último se lo están comiendo las hormigas" (García Márquez, 1967a:349, itálicos no original) [*"O primeiro da estirpe está amarrado a uma árvore e o último está sendo comido pelas formigas* (García Márquez, 1970:420)]. Em *Myth and archive* e no ensaio que antecipa esse livro, propus que a criança morta e o manuscrito são consubstanciais, ambos sendo produtos de incesto. Essa é a expressão mais profunda de autorreflexividade no livro e no mundo de Macondo — tudo gira sobre si mesmo como em um globo fechado a vácuo. Macondo, como universo imaginário e como texto, existe num estado de transgressão permanente da lei; vive à margem da lei, ou, melhor, está inscrito "em suas fronteiras". O que é escrito nesse espaço é o texto do romance, que revela sua constituição transgressora. É um texto escrito literalmente num latim em declínio, que é o espanhol, remontando às primeiras leis escritas, as do direito romano e a Lei das Doze Tábuas. É como se o texto do romance desejasse, assim como o patriarca envelhecido, voltar ao latim original.

Isso sugere que o texto do romance é, com efeito, a constituição de Macondo; ou seja, o documento que contém toda a sua história, bem como o funcionamento de seu mundo e a linguagem em que está inscrito. Uma constituição estabelece um sistema político, e no caso de *Cem anos de solidão* o dramatiza, executa e decreta. Uma constituição declara suas leis e jurisdição, promulgando e delimitando o alcance de sua autoridade. Esta última geralmente se refere a uma região e a um povo específicos, o que é o caso de Macondo. Não precisa necessariamente ser nacional, como não o é, de fato, em *Cem anos de solidão*. Além disso, uma constituição não apenas proclama a existência de um regime político, mas estabelece como deve ser governado. A constituição também fornece um vocabulário, moldando o discurso político, que, no nosso caso, é o do romance. As constituições são tentativas de conceber a política tanto institucional como retoricamente; moldam o Estado e sua cultura política, que é o que encontramos em Macondo. O romance de García Márquez sugere que existe uma relação análoga profunda entre a concepção de um romance e a organização de um corpo político, seja ele uma cidade ou uma nação. Entidades políticas — repúblicas, se preferir — possuem uma base compartilhada, uma origem comum entre seus membros, como as tribos que supostamente substituem. Nesse aspecto, o romance, em contraste com o lírico, que costuma ser individual, se parece mais com o épico.

Cem anos de solidão é uma espécie de comunhão estético-jurídica, o produto de impulsos paralelos que surgem do abismo da imaginação literária e linguística do autor, uma visão completa do ser humano em suas manifestações sociais, históricas e até mesmo sagradas — e isso é que produz no leitor uma sensação de plenitude. Os estímulos por trás desses impulsos são os mesmos presentes em todas as grandes obras de arte: o medo da morte, um sentimento de culpa assumida coletivamente, um desejo de transcendência, a vontade de traduzir em histórias as mais insondáveis percepções sobre o destino e o sentido da existência, uma ideia trágica da vida.

Referências

ALFONSO. *Las siete partidas del sabio rey D. Alfonso el Nono*. Copiadas da edição de Salamanca do ano de 1555. Valência: Joseph Thomas Lucas, 1758.

ARISTÓTELES. *Poética de...* Edição trilíngue por Valentín García Yebra. Madri: Gredos, 1974.

BONFANTE, Pedro [Pietro]. *Instituciones de derecho romano*. Tradução da 8. ed. italiana. Madri: Reus, 1929.

DICCIONARIO de la lengua española. Madri: Real Academia Española, 1956.

DIHIGO [Y LÓPEZ TRIGO], Ernesto. *Apuntes de derecho romano*. Havana: Lex, 1944. v. I.

____. *Derecho romano*. Segundo curso. Copias de clase. Havana: Facultad de Derecho Departamento de Publicaciones, s.d.

ELIOT, T. S. *Selected prose of...* Organização de Frank Kermode. Nova York: Farrar Strauss and Giroux, 1975.

ESTRADA, Susana Isabel. El derecho romano como estructura del pensamiento jurídico romano occidental a partir del colapso del Imperio Romano de occidente. In: CONGRESO IBEROAMERICANO DE DERECHO ROMANO, III. León: Universidad de León, 1998. p. 127-147.

GARCÍA MÁRQUEZ, Gabriel. Big Mama's funeral. In: ____. *No one writes to the Colonel, and other stories.* Tradução de J. S. Bernstein. Nova York: Harper and Row, 1968.

____. *Cien años de soledad*. Buenos Aires: Sudamericana, 1967.

____. *One hundred years of solitude*. Tradução de Gregory Rabassa. Nova York: Harper and Row, 1970.

____. *Los funerales de la Mamá Grande*. Buenos Aires: Sudamericana, 1967.

____. *Vivir para contarla*. México: Diana, 2002.

GONZÁLEZ ECHEVARRÍA, Roberto. Cuarenta años después. *Primera Revista Latinoamericana de Libros*, Nova York, v. 1, n. 2, p. 3-5, 2007.

____. Doña Bárbara, Mama Grande y Cobra: notas para una relectura de Gallegos. *University of California Commemorative Series. Nine Essays on Rómulo Gallegos*, organização de Hugo Rodríguez Alcalá, n. 3, p. 82-98, 1979. Publicado em *The voice of the masters*: writing and authority in modern Latin American literature, com o título de "Doña Bárbara writes the plain". Austin: The University of Texas Press, 1985. p. 33-63. Versão em espanhol expandida como "Doña Bárbara escribe la voz del llano", em *La voz de los maestros*: escritura y autoridad en la literatura latinoamericana moderna. Madri: Verbum, 2001. p. 71-109.

____. *Love and the law in Cervantes*. New Haven: Yale University Press, 2005. [*Amor y ley en Cervantes*. Madri: Gredos, 2008].

____. *Myth and archive*: a theory of the Latin American narrative. Cambridge: Cambridge University Press, 1990. [*Mito y archivo*: una teoría de la narrativa latinoamericana. México: Fondo de Cultura Económica, 2000. Nova edição: Fondo de Cultura Económica, 2011.].

____. *One hundred years of solitude*: the novel as myth and archive. *Modern Language Notes*, v. 99, n. 2, p. 358-380, 1984.

HEMBERGER, Suzette. Constitution. In: KRIEGER, Joel (Org.). *The Oxford Companion to Politics of the World*. Nova York: Oxford University Press, 1993. p. 189-190.

KUNKEL, Wolfgang. *Roman legal and constitutional history*. Tradução de J. M. Kelly. 2. ed. Oxford: Oxford University Press, 1973 [1966].

LÉVI-STRAUSS, Claude. *Les structures élémentaires de la parenté.* Paris: Mouton, 1967 [1948].

LEY de las XII tablas. Estudo preliminar, tradução e observações de César Rascón García e José María García González. 4. ed. Madri: Tecnos, 2011 [1993].

LUPHER, David A. *Romans in a New World*: classical models in sixteenth-century Spanish America. Ann Arbor: The University of Michigan Press, 2006.

MACCORMACK, Sabine. *On the wings of time*: Rome, the Incas, Spain, and Peru. Princeton: Princeton University Press, 2007.

MARTIN, Gerald. *Gabriel García Márquez*: a life. Nova York: Vintage Books, 2010 [2008].

MARTZ, John D. Colombia: constitutions. In: TENENBAUM, Barbara A. (Org.). *Encyclopedia of Latin American history and culture*. Nova York: Charles Scribner's Sons, 1996. v. 2, p. 211-212.

MOMMSEN, Teodoro. *Derecho penal romano*. 2. ed. Bogotá: Temis, 1999.

NEBRIJA, Antonio de. *Gramática de la lengua castellana*. Estudo e edição de Antonio Quilis. Madri: Centro de Estudios Ramón Areces, 1989 [1492].

OTERO VARELA, Alfonso. El riepto en el derecho castellano-leonés. In: ____. *Dos estudios histórico-jurídicos*. Roma; Madri: Cuadernos del Instituto Jurídico Español, 1955. p. 8-82.

RASCÓN GARCÍA, César. *Manual de derecho romano*. Madri: Tecnos, 1992.

SALDÍVAR, Dasso. *García Márquez el viaje a la semilla*: la biografía. Madri: Alfaguara, 1997.

SUÁREZ LLANOS, María Leonor. La actualidad de Roma. In CONGRESO IBEROAMERICANO DE DERECHO ROMANO, III. León: Universidad de León, 1998. p. 403-410.

VICO, Giambattista. *Principios de una ciencia nueva*: en torno a la naturaleza común de las naciones. Tradução e prólogo de José Carner. México: Fondo de Cultura Económica, 1978 [1725].

WOLFF, Hans Julius. *Roman law*: a historical introduction. Norman: University of Oklahoma Press, 1951.

ZADERENKO, Irene. El procedimiento judicial de riepto entre nobles y la fecha de composición de la *Historia roderici* y el *Poema de Mío Cid*. *Revista de Filología Española*, v. 78, p. 183-194, 1998.

CAPÍTULO 4

Correspondências à deriva: por uma história das edições de carta no Brasil

Marcos Antonio de Moraes

"'Curiosidade editorial' de bom tamanho"

Monteiro Lobato, em 29 de outubro de 1916, reage, com surpresa, diante do interesse que as suas mensagens tinham despertado no amigo Godofredo Rangel, com quem se correspondia desde 1903: "Falas tanto nas minhas cartas que estou na suspeita de que se enchem de coisas boas pelo caminho. Chegas a insistir na absurda ideia da publicação!".[79] Os laços de amizade entre os missivistas firmaram-se no convívio estudantil da Faculdade de Direito na capital paulista. A camaradagem nutriu-se principalmente das afinidades literárias, ambos ávidos leitores e produtores de textos. Bacharéis, cada qual seguiu trajetórias profissionais em diferentes cidadezinhas do interior do país. A distância favoreceu um intenso diálogo epistolar, consolidando o sentimento de estima e incitando a emulação de voos intelectuais. Engajaram-se, nas idas e vindas dos correios, em um processo de formação literária compartilhado. Inventário de leituras, intercâmbio de livros e o exercício crítico de escritos ficcionais e jornalísticos de suas lavras deram o vigoroso empuxo na conversação.

Quando, em 26 de maio de 1919, Rangel, em nova investida, avalia a oportunidade de divulgar a correspondência, Monteiro Lobato já

[79] Lobato (2010:378). A publicação, recebendo a consultoria de Marcia Camargos e Vladimir Sachetta, inserida no "Plano de obra da edição de 2007", "teve como base a primeira edição de 1944 da Companhia Editora Nacional, a primeira, a segunda e a 11ª edições dos anos de 1946, 1948 e 1964, respectivamente, da Editora Brasiliense" (p. 11). As cartas da edição receberam atualização ortográfica, segundo as normas vigentes; todas as citações no presente estudo seguem o mesmo procedimento.

havia obtido notável reconhecimento no círculo letrado brasileiro, ao publicar, no ano anterior, *Urupês*, contos e textos de intervenção social. Lobato repudia a lembrança do camarada, colocando a iniciativa sob o signo do ridículo e, ao mesmo tempo, caracterizando o sentido orientador da divulgação de edições de cartas:

> Que ideia sinistra a tua, de publicarmos as minhas cartas! Seriam dum grotesco supremo, porque cartas só interessam ao público quando são históricas ou quando oriundas de, ou relativas a grandes personalidades. No nosso caso não há nada disso: não são históricas e nós não passamos de dois pulgões de roseira — eu, um pulgão publicado; você, um pulgão inédito. O interesse que achas nas tais cartas é o interesse da coruja pelas peninhas dos seus filhotes. Formam um álbum de instantâneos da nossa vida. Mas o público quer penas de pavão, plumas de avestruz ou *aigrettes* de garça: não quer peninhas de filhote de coruja. Todos iriam rir-se de nós [...]. Não. Varra com a ideia. [Lobato, 2010:440]

A insistência de Rangel sugere a presença de livros de correspondência no campo cultural brasileiro, os quais, por ventura, lhe teriam servido de referência. Na seara da literatura, talvez pudesse ele ter em mente a *Correspondência epistolar entre José Cardoso Vieira de Castro e Camilo Castelo Branco*, obra em dois volumes, de 1874, com reedições em 1903 e 1913. As próprias cartas que lhe dirigira Lobato fornecem algumas pistas sobre a circulação de edições estrangeiras do gênero no país. Em julho de 1910, o amigo conta que anda "a ler uma batelada de coisas, entre elas a correspondência de Taine" (Lobato, 2010:239). Em 1917, alude a seu renovado interesse pela produção epistolar do crítico e historiador francês, aconselhando a sua leitura. Chega a vislumbrar na interlocução do autor de *Essais de critique et d'histoire* com E. de Suckau o mesmo elã de sociabilidade patente na correspondência com Rangel: "Há uma eterna referência a Edmond de About e Prevost-Paradol, como na nossa há uma eterna recorrência do Ricardo e outros" (Lobato, 2010:415). Lobato refere-se, certamente, a *H. Taine, sa vie et sa correspondance*, em quatro volumes, divulgados entre 1902 e 1907. Obra, aliás, cujos três primeiros tomos também passaram pelas mãos de Machado de Assis, como atesta a presença deles na biblioteca que pertenceu ao romancista, atualmente no acervo da Academia Brasileira de Letras.[80]

Olhando retrospectivamente, a partir de 1919, em busca de publicações de correspondência no Brasil, Lobato e Rangel vislumbrariam seguramente uma irrisória paisagem. Nesse mesmo ano, o biógrafo Homero Pires trazia à luz, na Bahia, o primeiro volume das *Cartas políticas e literárias* de Rui Barbosa, constatando, no "Prefácio", que "em muito reduzida porção se contam as coleções de cartas dos escritores da língua portuguesa".[81] Em página e meia, arrola um bom conjunto de títulos impressos em Portugal, estampando os nomes da vida religiosa, de nobres e de literatos lusitanos, entre os quais: Afonso de Albuquerque, frei Antonio das Chagas, d. Francisco Manoel de Melo, padre Antonio Vieira, Cavaleiro de Oliveira, padre Teodoro de Almeida, Alexandre de Gusmão, abade Antonio da Costa, Almeida Garret, Antonio Feliciano de Castilho, Alexandre Herculano e Camilo Castelo Branco. Um único título, *Cartas do Brasil do padre Manoel de Nóbrega (1549-1560)*, preparado por Vale Cabral, recebera, em 1886, a chancela da Imprensa Nacional do Rio de Janeiro, congregando cartas do primeiro século da colonização das terras brasileiras. Tudo somado, concluía o organizador, isso era "muito pouco, quase nada, para uma língua de sete séculos de ancianidade, e que se estende por mais de um hemisfério", ainda mais levando-se em conta que "raro é [...] o homem de letras francês, do qual não esteja divulgada a sua correspondência" (Pires, 1919:III).

As cartas do jurista e do político baiano coligidas na obra, "sem o auxílio ou a colaboração" dele (Pires, 1919:V), chegavam, talvez não por acaso, no ano em que o prócer republicano concorria à presidência.

[80] O escritor carioca teve em suas estantes, além dos três volumes de *H. Taine, sa vie et sa correspondance* (1902, 1904, 1905), *Correspondance inédite* (1855, 2 v.) de Stendhal, *Letters and speeches* (1861, 4 v.) de Oliver Cromwell, *Lettres choisies* de Voltaire (1876, 2 v.), *Mélanges et lettres* (1877, 4 v.) de X. Doudan, *Lettres à une inconnue* (1880, 2 v.) de Merimée, *Correspondance* (1887, 1889, s.d., s.d., 4 v.) de Flaubert, *Lettres de Gustave Flaubert à Georges Sand* (1884), *Lettres intimes* (1891) de Ernest Renan, *Briefe* (s.d, 1891, 2 v.) de Humbold, *S. Briefe an Becker, Frauenstädt, Doss, Lindner und Asher* (s.d.), de Arthur Schopenhauer. Ver Vianna (2001).

[81] Pires (1919: s. n. de p.). Em uma advertência inicial, Homero Pires informa: "As *Cartas políticas e literárias* do sr. Cons. Rui Barbosa se destinavam a um só volume; mas, a raridade e escassez de papel dividiram a publicação em dois, a fim de que, num mesmo tomo, se não verificasse qualquer variedade de material".

Teria o livro funcionado, lateralmente, como plataforma política, na exposição de condutas, compromissos e ideários do candidato, sugerindo a concordância entre gestos públicos e privados? O literato recebe o elogio do preparador do volume, quando avalia a qualidade da escrita epistolar: "Rui Barbosa, que tem todos os recursos e segredos da língua [...] devia ser um eminente epistológrafo: e na realidade é, pedindo meças, ainda nisso, aos maiores. Não sabemos de missivas mais bem escritas em nosso idioma, porque as melhores não estão acima das suas" (Pires, 1919:IV-V).

Na listagem de Homero Pires escaparam alguns títulos da acanhada tradição editorial do país consagrada às correspondências. Em 1872, a Tipografia do Diário, na Bahia, retirava de suas prensas a *Correspondência e documentos oficiais relativos à missão especial do conselheiro José Antonio Saraiva ao rio da Prata em 1864*, ocupando 194 páginas. O conjunto de escritos vinculava-se à negociação levada a cabo pelo remetente, em defesa dos interesses do governo brasileiro na região do Uruguai. Como se pode depreender de uma nota inicial, assinada por Saraiva, em 13 de outubro de 1871, a divulgação das comunicações remetidas ao governo imperial e conservadas nos arquivos da Secretaria dos Negócios Estrangeiros cumpria um acerto de contas do senador em exercício em relação às "apreciações injustas" contra ele e "contra o Gabinete de 15 de janeiro, cujas instruções foram leal e fielmente executadas". Na fonte da história das edições de correspondência emana, assim, a ideia de que a carta caracteriza-se como documento, portanto, investida de "verdade" capaz de "determinar precisamente a responsabilidade nos acontecimentos". A obra impunha-se "aos concidadãos" na qualidade de matéria "indispensável" para que se pudesse "formar [...] um juízo seguro e imparcial" (Saraiva, 1872: s.n. de p.) das decisões tomadas pelo político em sua atuação diplomática.

Em 1887, no projeto de difusão dos relatos epistolares testemunhais dos primeiros jesuítas, patrocinado pelo Ministério da Fazenda, Teixeira de Melo e Capistrano de Abreu empreendem a transcrição dos 63 documentos que iriam compor as *Cartas jesuíticas III e IV. Cartas avulsas (1550-1568)*. A edição previa apresentação e notas de Alfredo do Vale Cabral, chefe da Seção de Manuscritos da Biblioteca Nacional e o organizador do primeiro volume. Não conseguindo levar a termo a incumbência, a edição periclitara, as provas quase tendo sido descartadas pelo diretor da Tipografia da Imprensa Nacional. Capistrano de Abreu, em carta ao diplomata José Maria da Silva Paranhos Júnior, o futuro barão Rio Branco, narra, em março de 1887, o seu empenho "para evitar tamanho absurdo", tomando a iniciativa de "rever o trecho, verificar datas e autores, etc.", a fim de tornar pública a obra (apud Rodrigues, 1954:23). A sina do livro, contudo, não foi das mais promissoras, de acordo com o Padre Serafim Leite, pois "o fato de não ter introdução nem notas fez que o livro quase não entrasse no comércio; e a maior parte dele desapareceu no incêndio da Imprensa Nacional" (Leite, 1956:76).

Em 1896, um volume de 92 páginas, sob o selo da Tipografia Moraes, do Rio de Janeiro, lança luz sobre 60 *Cartas do imperador dom Pedro I a Domitila de Castro (marquesa de Santos)*, antecedidas por um azedo "Prefácio" não assinado. Ao ventilar, por meio de documentos da intimidade, que a "paixão do Imperador pela amante não tinha limites", o opúsculo supunha que as cartas em mangas de camisa assinadas pelo herói responsável pelo "grito do Ipiranga" pudessem apresentar respostas acerca de eventos da história do governo imperial extinto em 1889 (Cartas..., 1896:31, 17).

Em face desse exíguo panorama editorial[82] que privilegia a voz epistolar de personalidades históricas, fundamentava-se a recusa de Lobato em divulgar em 1919 a correspondência trocada com Rangel. Entre essa data e 1943, momento em que o criador do Jeca Tatu decide publicar suas cartas, julgando que se "constituíam uma 'curiosidade editorial' de bom tamanho" (Lobato, 2010:31), as montras das livrarias abriram espaço para um punhadinho de edições de mensagens assinadas por nomes importantes do campo literário, político e doutrinário.

Em 21 de abril de 1908, Machado de Assis acede, com muito ceticismo, ao pedido do confrade acadêmico José Veríssimo, "deixando-

[82] Cabe registrar que, em 1907, o Arquivo Público Nacional do Rio de Janeiro divulga, no sexto número de suas "Publicações", alentada súmula da correspondência ativa e passiva do vice-rei Luiz de Vasconcellos e Souza "com os governadores das Capitanias de Santa Catarina, Rio Grande do Sul e com os Vice-Reis do Rio da Prata e Comissários espanhóis em Buenos Aires, no decênio de 1779 e 1789" (s. n. de p.). A edição, de 410 páginas, sob os cuidados do diretor da instituição, Francisco Joaquim Bethencourt da Silva, aspirava fornecer "importante repositório de informações históricas do período da administração inteligente do Vice-Rei Luiz de Vasconcelos, com relação à sua autoridade nos serviços do sul da colônia" (s.n. de p.).

-lhe a autorização de recolher e a liberdade de reduzir as letras que lhe pare[cessem] merecer divulgação póstuma" (Nery, 1932:156); as décadas de 1920 e de 1930 testemunharam o aparecimento de publicações de suas cartas.

O autor de *Dom Casmurro*, em seu estudado decoro, julgara mais conveniente que deixassem sua correspondência "esquecida e calada", pois não lhe parecia que dela se pudesse "apurar nada interessante, salvo as recordações pessoais que conservarem para alguns" (Nery, 1932:156-157). Em 1923, Graça Aranha oferece ao público *Machado de Assis e Joaquim Nabuco: comentários e notas à correspondência entre estes dois escritores*, produzido em São Paulo por Monteiro Lobato & Cia. Editores, naquele momento em franca expansão comercial.

O "Epistolário acadêmico" da *Revista da Academia Brasileira de Letras*, a partir do número de outubro de 1929, ajudou a municiar as edições posteriores da correspondência machadiana. Em seu surgimento, a seção divulgou, muito a propósito, a carta de Machado de Assis a Veríssimo, autorizando a publicação de suas cartas. O periódico, preliminarmente, conclamava:

> A redação desta Revista dirige um apelo aos srs. Acadêmicos e a todos os seus leitores, para que ofereçam à Academia Brasileira os originais, ou cópia, das cartas que acaso possuam assinadas pelos que pertencem, ou hajam pertencido, à Companhia.// Nos arquivos da Academia essas cartas ficarão deste modo, a bom recato das injúrias do tempo e sem o risco de se extraviarem.[83]

Da proveitosa messe, decorrem, em 1931, *Cartas de Machado de Assis e Euclides da Cunha*, propagadas por Renato Travassos e, em 1932, a *Correspondência de Machado de Assis com Joaquim Nabuco, José Veríssimo, Lúcio de Mendonça, Mário de Alencar e outros, seguida das respostas dos destinatários*, preparada e anotada por Fernando Nery. Entre uma e outra edição, fisga-se o cascudo imbróglio, como se verá mais adiante. Em 1937, *Machado de Assis. Correspondência*, ampliando a edição do livro de

[83] *Revista da Academia Brasileira de Letras*, a. XX, v. XXXI, n. 94, p. 193, out. 1929.

1932, recebe a numeração 31 no plano das obras completas do escritor, tiragem da W. M. Jackson Editores. Sabe-se, ainda, que o título será reeditado, na mesma coleção, em 1938, 1942 e em anos seguintes.

A Academia Brasileira de Letras assumirá, a partir de 1931, a divulgação de três tomos das cartas jesuíticas, sob a direção de Afrânio Peixoto, autor da "Nota preliminar" nos volumes. *Cartas Jesuíticas I/ Cartas do Brasil: 1549-1560* (1931) recupera o texto base da edição de 1886, com as notas de Vale Cabral, atualizadas por Rodolfo Garcia; *Cartas jesuíticas II. Cartas avulsas 1550-1568* (1931) resgata o texto de 1887, incorporando introdução, sinopses históricas e notas do diretor da coleção; *Cartas jesuíticas III. Cartas, informações, fragmentos históricos e sermões do padre José de Anchieta, S. J., 1554-1594* (1933) exibe, além da introdução do acadêmico e transcrição de artigo de Capistrano de Abreu, "mais de 700 exaustivas e sábias anotações" nas cartas, bem como "posfácio", "traslados e traduções" (Peixoto, 1933:22), cumpridas pelo escritor modernista Antonio de Alcântara Machado que, em 1928, recebera o prêmio da Sociedade Capistrano de Abreu pela monografia *Anchieta na capitania de São Vicente*. Em 1940, o Padre Serafim Leite traz a lume as *Novas cartas jesuíticas*, sob o selo da Companhia Editora Nacional de São Paulo.

No período de 1920 a 1944, contam-se pouco mais de duas dezenas de títulos.[84] Além das mencionadas, contabilizam-se a correspondência de Rui Barbosa, em seis diferentes tiragens,[85] do escritor Euclides

[84] O levantamento preliminar das edições de carta no Brasil vem sendo por mim realizado na esfera do projeto de pesquisa *"Artífices da correspondência": procedimentos teóricos, metodológicos e críticos na edição de cartas*, reunindo pesquisadores do Instituto de Estudos Brasileiros (USP) e da Universidade de Paris 3 — Sorbonne Nouvelle, com subvenção da Pró-Reitoria de Pesquisa da Universidade de São Paulo e do Comitê Francês de Avaliação da Cooperação Universitária com o Brasil (Cofecub).

[85] *Correspondência íntima política e literária*. Coleção, prefácio e notas de Afonso Rui. Bahia [Salvador]: Imprensa Oficial do Estado, 1921; 2. ed. revista, Livraria Progresso, 1933; *Correspondência*. Coleção, revisão e notas de Homero Pires. São Paulo: Saraiva, 1932; *Mocidade e exílio (cartas inéditas)*: cartas ao conselheiro Albino José Barbosa de Oliveira e ao dr. Antonio D'Araújo Ferreira Jacobina. Anotação e prefácio de Américo Jacobina Lacombe. São Paulo: Companhia Editora Nacional, 1934; 2. ed. 1939. Lacombe indica a existência da terceira edição da *Correspondência de Rui*, sem data, divulgada pela Livraria Progresso de Salvador, sob a responsabilidade de Afonso Rui (Lacombe, 1973:11).

da Cunha, em dois livros,[86] do poeta Castro Alves,[87] do visconde de Taunay,[88] do pensador católico Jackson de Figueiredo,[89] de d. Pedro II para o conde de Gobineau e para o barão de Cotegipe,[90] assim como a retomada das missivas do primeiro monarca para a marquesa de Santos.[91] Do conjunto de obras, não passa despercebido que seis delas, a partir dos anos de 1930, integram a Quinta Série da Brasiliana, "Coleção Pedagógica Brasileira" da Companhia Editora Nacional de São Paulo, da qual, aliás, Lobato foi, em 1925, um dos fundadores, sócio até 1929 e, depois, tradutor e autor no catálogo que incluiria, em 1944, *A barca de Gleyre*, reunindo conversação travada com Rangel de 1903 até março do ano anterior.

No final de agosto de 1943, Lobato, ao ser indagado pelo amigo, supõe conservar em seu arquivo as cartas que um dia lhe foram devolvidas para examinar, "há uns vinte anos". Não guarda, entretanto, grandes expectativas da releitura dos papéis, acreditando não poder tolerá-los, pois flagrariam a imagem de dois jovens, tolos, "livrescos e literários" (Lobato, 2010:537). No início do mês seguinte, dia 5, a opinião sobre a massa documental se modifica drasticamente, tudo lhe parecendo agora "coisa grossa, e talvez muito interessante". Desconfia que essa "aturada correspondência val[ia] alguma coisa", porque se configurava o "retrato fragmentário de duas vidas, de duas atitudes diante do mundo", assim como o "panorama de toda uma época. Literatura, história e mais coisas" (Lobato, 2010:559). No correio de 15 de setembro, ao iniciar o

[86] *Cartas de Machado de Assis e Euclides da Cunha*. Coligidas por Renato Travassos. Rio de Janeiro: Waissman, Reis & Cia Ltda, 1931; *Euclides da Cunha a seus amigos*. Francisco Venâncio Filho. São Paulo: Companhia Editora Nacional, 1938.

[87] *Correspondência e crítica*, nas Obras completas de Castro Alves (Rio de Janeiro, H. Antunes & Cia), não apresenta data de edição. Levou-se em consideração o ano vinculado à apresentação de Alfredo Mariano de Oliveira ("Rio/ Agosto — 1920").

[88] *Cartas da campanha*: a cordilheira/Agonia de Lopez. 1869-1870. Coleção de José Arthur Montenegro; prefácio de Affonso d'E. Taunay. São Paulo: Companhia Melhoramentos, 1921.

[89] *Correspondência*. Introdução de Barreto Filho e estudo de Tristão de Athayde [Alceu Amoroso Lima]. Rio de Janeiro: Editora A.B.C., [1938?].

[90] *Cartas do imperador d. Pedro II ao barão de Cotegipe*. Ordenadas e anotadas por Wanderley Pinho. São Paulo: Companhia Editora Nacional, 1933; RAEDERS, Georges. *D. Pedro II e o conde de Gobineau*: correspondências inéditas. São Paulo: Companhia Editora Nacional, 1938.

[91] CINTRA, F. Assis. *D. Pedro I e o Grito da Independência*. São Paulo: Companhia Melhoramentos, 1921.

trabalho de datilografia das próprias mensagens, vislumbra o projeto de edição das "Cartas Nossas em dois ou três volumes, coisa que nunca foi feita neste país!" (Lobato, 2010:560). Dias mais tarde, 28, julga que, sendo o conjunto "leitura que prenda", poderia ganhar o mundo como "*Correspondência epistolar entre Lobato e Rangel* ou seja lá que nome venha a ter", pois lhe parecia "difícil botar um nome decente numa tijolada dessas", historiando "duas formações literárias que cresceram e apareceram" (Lobato, 2010:563). No final do mês seguinte, tudo parece decidido em relação à publicação da correspondência, ao constatar que o escrito apresentava "muita unidade", diferente dos "livros de cartas que existem, como as de Euclides e outros", que eram "dum mesmo homem para vários", perdendo, assim, a "unidade de estilo, tom e assunto". Para Lobato, tratava-se de "verdadeiras memórias dum novo gênero — escritas a intervalos e sem nem por sombras a menor ideia de que um dia fossem publicadas".[92] Nessa decisão parece entrar em jogo o tino comercial do editor, intuindo o anseio do público por algo novo e inusitado nas estantes das livrarias. Do plano inicial de edição que forjava a interlocução epistolar, passava-se, agora, a outra estratégia de sedução:

> Minha ideia no começo era dar as tuas e as minhas juntas, articuladas, mas vi que isso iria estragar tudo. Para quem está de fora, tem muito mais interesse uma conversa telefônica da qual só ouve um lado; o fato de não ouvir o outro lado força mais a imaginação. Fica um imenso campo de colaboração aberto à imaginativa do auditor. Solto agora as minhas cartas a você, e depois você solta as tuas a mim. [Lobato, 2010:565]

Antonio Candido, em suas "Notas de crítica literária" da *Folha da Manhã* de São Paulo, em 10 de dezembro de 1944, aplaude a iniciativa de Monteiro Lobato. Alteia *A barca de Gleyre* a um dos "monumentos mais importantes dos últimos tempos" na literatura brasileira, menos pelo "conteúdo" do que "pela novidade e pelo exemplo". Quebrava-se, antes de mais nada, o paradigma da nossa insípida bibliografia do gênero epistolar. Cumprindo um breve retrospecto, assevera que o livro "era

[92] Ibid., p. 564-565. Carta de 27 de outubro de 1943.

o primeiro grande volume de correspondência literária a ser publicada" no país,

> porque as mesuras de Machado de Assis, reunidas num magro volume pelo sr. Fernando Nery, não chegam a ser cartas. Como não o são as respostas de Joaquim Nabuco, coligidas noutro livro, ao lado dos bilhetes de Machado, por Graça Aranha. A correspondência de Jackson de Figueiredo, que se começou a publicar, é mais interessante e rica.

A originalidade do calhamaço de 504 páginas, em tipografia miúda, colocava em pauta, segundo o crítico, a pobreza dos "documentos pessoais" na literatura pátria; no Brasil os livros de "diários, cartas e memórias" tinham, afinal, existência "rara, parca e imperfeita". Em face dessa constatação, diagnostica o nosso "pudor irremediável, um inexplicável sentimento de inferioridade ante o público". Verifica nos escritores e intelectuais brasileiros a "vergonha" de se assumir como "literato", "reflexo [...] do velho pragmatismo dos conquistadores da terra e dos consolidadores da conquista para os quais a literatura deveria parecer uma espécie de tricô para homens". *A barca de Gleyre* vinha em sentido contrário, exprimindo a força que movimentava um "ideal artístico". O livro, ao desvelar a engrenagem que facultou a "evolução" do autor, em termos de "fenômeno literário", sinalizava o alto grau de "consciência do seu papel e da sua posição de escritor" no cenário cultural, o "exemplo de labor intelectual e de consciência literária". Em suma, as cartas de Lobato a Rangel espelhavam o amadurecimento do nosso sistema literário, depois de "cem anos" de "intensa" produção imaginativa.

Patriotismos, piratarias, odisseias

Ao coligir testemunhos íntimos de personalidades da história brasileira, as edições de cartas muitas vezes respondem a interesses individuais ou coletivos. Mobilizam questões ideológicas, políticas, comerciais e acadêmicas; refletem expectativas do público leitor, desenhando-lhe a imagem identitária e definindo traços de psicologia social. Para além da mera casualidade de achados documentais em arquivos, caberia indagar o que subjaz à escolha de nomes que irão compor o panteão da epistolografia no âmbito editorial.

As primeiras edições de cartas brasileiras, no final do século XIX, deixam entrever curiosas conjunturas políticas. O projeto de publicação de quatro volumes de cartas jesuíticas, iniciado em 1886, dos quais apenas dois chegaram a termo, pleiteava a reunião de "Materiais e achegas para a História e Geografia do Brasil".[93] A coleção, às expensas da Imprensa Nacional, alardeava o "espírito elevado e patriótico" (Abreu, 1886:V), do ministro da Fazenda, o conselheiro Francisco Belisário Soares de Sousa, idealizador da coleção. No primeiro volume, registra-se a determinação de granjear "elementos muito interessantes para a história do povo brasileiro, sob diversos pontos de vista" (Cabral, 1886:XII). O Império, nos estertores, financiava, fora de época, o projeto romântico de construção da identidade nacional, associando, contraditoriamente, o primeiro impulso político e religioso de colonização portuguesa ao sentimento de autonomia do Estado brasileiro.

Deposto Pedro II, no "terremoto de 15 de novembro de 1889",[94] a República coloca-se em guarda para reescrever a história. Impunha-se o "trabalho de virar a Monarquia pelo avesso",[95] segundo as palavras do autor anônimo do prefácio das *Cartas do imperador dom Pedro I a Domitila de Castro (marquesa de Santos)*, em 1896. Desejava-se cumprir, com a edição, um "patriótico e benéfico trabalho", ao "completar a obra de desilusão", expondo "os artistas" da farsa "como realmente eram".[96] Nessa tarefa, Pedro I, o agente da independência, surge como presa fá-

[93] No tomo inicial, congregando cartas do padre Manoel da Nóbrega, Vale Cabral, em sua introdução, esboça o plano editorial: "Este é o 1º volume da coleção de *Cartas Jesuíticas* do XVI século. Do 2º, que conterá as cartas do padre José de Anchieta, encarregou-se o Dr. Teixeira de Mello, que já nos *Anais da Biblioteca Nacional* publicou 8, das quais 5 inéditas, deixando outras dispersas em várias obras. Do 3º volume fico incumbido; o 4º será publicado posteriormente, logo que se obtenham as cópias das que existem em Lisboa, cópias que vão ser tiradas sob os cuidados do Sr. Lino d'Assunção.// No último dar-se-ão índices que facilitem a busca fácil do que se deseja consultar nos volumes da coleção [...]". CABRAL, Alfredo do Vale. *Cartas jesuíticas I/ Cartas do Brasil do Padre Manoel da Nóbrega (1549-1560)*. Rio de Janeiro: Imprensa Nacional, 1886. p. XIV.

[94] *Cartas do imperador Pedro I a Domitila de Castro (marquesa de Santos)*, op. cit., p. 31.

[95] Ibid., p. 9.

[96] Ibid., p. 10.

cil, vida com telhado de vidro. A descoberta das cartas de Pedro I a Domitila vinha a calhar, pois "revela[va] o homem e o príncipe sob o aspecto verdadeiro, sem disfarces de conveniência, sem a dissimulação obrigatória imposta pela posição política e sem o aparato sugestivo e falso que sói cercar os reis quando se exibem a seus vassalos".[97] À luz das mensagens íntimas, ainda quentes da alcova, em textos descuidados da forma, os posicionamentos públicos do imperador são reinterpretados. O tom rasteiro das cartas podia ajustar-se bem àquele que se mostrava muito "afeiçoado a relações com gente de baixa extração",[98] e que se "espoja[va] em lúbricos transbordamentos de vil sensualismo".[99]

A chicotada moralista não atingia o filho do imperador, d. Pedro II, pois ele teria poupado "aos brasileiros o vilipêndio de serem governados por uma corte escandalosa".[100] Entretanto, não o livrava de pertencer à linhagem da "teratológica dinastia de Bragança",[101] a quem caberá, aliás, as maiores censuras e desprezo do encapuzado prefaciador das cartas:

> Em D. Pedro [I] se reproduziu o sensualismo depravado de D. João V que amara doudamente a uma cigana, fora perdido pela Petronilla, cantora da ópera do Bairro-Alto, e dera escândalos com a Gamarra. Também o pai — D. João VI — tinha pronunciada queda por mulatas e era muito carocível [sic] a amores ancilares. [...] — Quem herda não furta: diz o prolóquio popular. Tendências atávicas se expandiam sem corretivo e sem freio [...]. A educação ter-lhe-ia reprimido os intuitos e moldado o senso moral, pois não lhe faleciam impulsos elevados e generosos, inteligência e imaginação; mas [...] a sua juventude foi envenenada pela péssima educação [...].[102]

No emparelhamento de duas edições oitocentistas de cartas, vemos o "patriotismo" de base monarquista, enraizado no elogio da ação apos-

[97] Ibid., p. 5.
[98] Ibid., p. 15.
[99] Ibid., p. 11-12.
[100] Ibid., p. 27-28.
[101] Ibid., p. 27.
[102] Ibid., p. 12-13.

tólica dos jesuítas, contrapondo-se ao sentimento "patriótico" republicano, que ambicionava levar a termo a coivara do passado.

Instiga, na bibliografia da produção epistolar nacional, o reiterado interesse pelas cartas íntimas de Pedro I à marquesa de Santos. Contam-se outras quatro, além daquela de 1896: *D. Pedro I e o grito de independência*, em 1921; *Marginados: anotações às cartas de d. Pedro I a d. Domitila*, em 1974, *Cartas de Pedro I à marquesa de Santos*, em 1984, *Titília e o Demonão: cartas inéditas de d. Pedro I à marquesa de Santos*, em 2011.

A edição de 1921, congregando cartas de Pedro I *à esposa*, *"à amante"*, a d. João VI, bem como decretos e proclamações do imperador, assegurava, em uma nota prévia, que "da correspondência secreta e pública dum homem de Estado o analista e o psicólogo poderão tirar conclusões, senão absolutamente exatas, ao menos aproximadas da verdade" (Cintra, 1921:1). A publicação de 1974, comemorativa do Sesquicentenário da Independência do Brasil, tem a chancela do governo, em tempos de ditadura militar, recebendo subvenção conjunta do Conselho Federal de Cultura, do Ministério da Educação e Cultura, do Arquivo Nacional, do Ministério da Justiça. *Marginados*, juntando 154 cartas de Pedro I, trazia à tona a densa pesquisa histórica levada a cabo por Alberto Rangel, militar e diplomata republicano, falecido em 1945. Em suas "Notas primordiais", adverte que as missivas do soberano demandavam "interpretação da inteligência" e "tolerância", devendo ser avaliadas sob a *ótica* histórica e política. Ou ainda, buscando contornar a exposição dos afetos extraconjugais nas mensagens, tudo devia ser observado do "ponto de vista propriamente humano", pois não lhe parecia "digno da grande figura de D. Pedro I que se a reduz[isse] pelo que lhe pulou dos dedos ansiosos do bom pai e dos gadanhos febris do libertino, sem lhe auscultarmos ao mesmo tempo o grande coração" (Rangel, 1974:37). Recorre, por fim, à frase que Voltaire, de segunda mão, empregara em relação ao filósofo inglês Francis Bacon: "*C'était un si grand homme que j'ai oublié ses vices*" (Rangel, 1974:38).

Na apresentação do livro, o diretor do Arquivo Nacional, Raul Lima, pela vez dele, justifica-se:

> O que motivou o interesse em publicar *Marginados* [...] e sensibilizou o Conselho Federal de Cultura não foi o de mais uma

> divulgação das cartas [...], várias delas consideradas chocantes e que, ao ver de certo críticos, nem deveriam merecer reprodução, mas a notável soma de informações que, a pretexto delas, comentando-as quase linha por linha, Alberto Rangel apresenta, de modo a reconstituir praticamente a vida da Corte no período compreendido pela correspondência. [Rangel, 1974:11]

Desloca-se, assim, o foco de atenção, buscando deixar à sombra a figura do imperador, para realçar a reconstrução do contexto histórico, bem orquestrado pelo organizador, que, assim, ascende ao primeiro plano.

Na reedição de 1984, recuperam-se, integralmente, os textos anotados de 1974 e o estudo introdutório de Rangel; a breve exposição de critérios editoriais e os agradecimentos de Emanuel Araújo substituem a apresentação de Raul Lima. Ganha relevo a epígrafe tomando inteiramente uma das primeiras páginas do livro, a transcrição de palavras de Pedro I à marquesa, em 1824: "Eu sou imperador, mas não me ensoberbeço com isso, pois sei que sou um homem como os mais, sujeito a vícios e a virtudes como todos o são" (Araújo e Rangel, 1984:5). O paratexto, travestido em *benevolentiae captatio*, quer atiçar a curiosidade do leitor, humanizando a personagem de renome nacional que se verá, por meio de seus escritos, em mangas de camisa e, muitas vezes, mesmo nu.

Em 2011, *Titília e o Demonão* estampa 94 cartas inéditas de nosso primeiro imperador a Domitila, resultado da pesquisa de Paulo Rezzutti. O título da obra, ao pinçar formas de tratamento e assinatura empregadas pelo monarca na intimidade, apela para o anedótico. O escritor Paulo Schmidt, no prefácio da obra, se dirige aos leitores, remetendo à "profunda humanidade do imperador do Brasil" (Rezzutti, 2011:14). Recorre ao folhetinesco, tropeçando em anacronismos:

> Se existem mulheres ocasionalmente elevadas à categoria de "namorada do Brasil", só uma pode ser chamada de "amante do Brasil": Domitila de Castro Canto e Melo, a jovem divorciada cujo tórrido *affair* com Pedro I constitui o maior romance da nossa história. [...] a correspondência do imperador brasileiro com a sua amásia paulista contém um elemento pícaro e erótico que

> chocaria Abelardo e Heloísa e deixaria ruborizados quaisquer casais anteriores a John Lennon e Yoko Ono. [Rezzutti, 2011:12]

Embora o prefaciador se valha da abordagem sensacionalista, aplica-se em condenar o rebaixamento do "imperador a sátiro e entronizado num penico": "Esses exageros, simplificações e calúnias têm sido repisadas ao longo do século XX, geralmente por historiadores menos interessados em informar do que em entreter os leitores com detalhes pitorescos e até escatológicos" (Rezzutti, 2011:15). A inegável importância da pesquisa que logrou a difusão de documentos inéditos de Pedro I indica que a trajetória editorial dessa correspondência terá certamente desdobramentos futuros, na possível (e desejável) junção desse conjunto de cartas fadado à diáspora.

Mais reservada, mas não a salvo de interpretações maliciosas, é a correspondência de Pedro II, cujas cartas a d. Luísa Margarida Portugal de Barros, a condessa de Barral, refinada preceptora das jovens princesas Isabel e Leopoldina, provocaram, em 1956, duas diferentes edições. Uma delas, a cargo de Alcindo Sodré, o primeiro diretor do Museu Imperial de Petrópolis, exibe o chamativo título *Abrindo um cofre*, na qual sinalizava, na apresentação, a oportunidade de "desvendar [...] a ardorosa vida sentimental do Imperador" (Sodré, 1956:80). Ou, nos termos do organizador do outro volume, R. Magalhães Júnior, abusando da verve romanesca e de psicanálise rasteira, a matéria epistolar seria

> curiosíssima. Sua leitura nos deixa a impressão de que para Pedro II, — que conhecera duas orfandades, a de mãe [...] e a de madrasta [...] — a Condessa de Barral foi ao mesmo tempo a mãe que não chegou a ter, a esposa que não pôde escolher e a amante, esta sim, de sua própria escolha, mulher de beleza e de espírito, de tanto espírito que conservou aquelas cartas, para que hoje olhos estranhos pudessem lê-las e nelas vissem crepitar a chama daquele afeto que, em vida de ambos, não podia ser proclamado... [Magalhães Jr., 1956:23]

Se a concorrência na divulgação do conjunto de missivas do imperador não deixou, nas páginas das obras, vestígio de conflitos entre os organizadores, a história das edições de correspondências em nosso campo cultural abrigou embates calorosos nos anos de 1930. Em 1931, a editora Waissman, Reis e C. Ltd., do Rio de Janeiro, insere em seu catálogo as *Cartas de Machado de Assis e Euclides da Cunha*, preparada pelo poeta Renato Travassos, tendo por base a documentação difundida "esparsamente na *Revista da Academia Brasileira de Letras*". O organizador, lançando mão das cartas e de anotações a elas vinculadas, dizia atender aos editores que lhe solicitaram um livro, supondo que a coletânea teria "na certa boa aceitação pública, tais os dois grandes nomes literários que os subscreviam" (Travassos, 1931:5).

Em 1932, Fernando Nery, o responsável pela divulgação das cartas anotadas no "Epistolário Acadêmico", na apresentação do volume *Correspondência de Machado de Assis*, impresso por Américo Bedeschi, Editor, acusa a "deslavada pirataria" (Nery, 1932:7) do colega. Este, privando de sua convivência, ciente de suas intenções de divulgar em livro a documentação amealhada, "munindo-se de tesoura e goma, mal-amanhou, às carreiras, truncando-as, algumas cartas de Machado de Assis e as de Euclides da Cunha [...]; levou-as a um editor, e, ocultando solerte e cavilosamente o nome do colecionador e comentador dessas cartas, embolsou os trinta dinheiros de sua ganância e felonia" (Nery, 1932:8). A apropriação indébita da pesquisa e da atividade intelectual alheias punha em relevo as vicissitudes no preparo de uma edição de correspondência:

> Ora, essas cartas, cacofonicamente coligidas (!) "por Renato Travassos" [...] representam iniciativa minha, esforço meu, trabalho meu, pois fui eu quem as coligiu, copiou, comentou, reuniu e publicou. O sr. Renato Travassos não o ignorava: sabia perfeitamente que o rebuscar, aqui, ali, acolá, essas cartas; solicitá-las aos seus possuidores; copiá-las; às vezes, decifrá-las; anotá-las, — tudo isso me dera grande canseira e me tomara muito tempo. Na investigação de uma data, um nome, um fato, uma personagem, levara eu, não raro, dias e dias, inquirindo, rebuscando, afuroando. [Nery, 1932:7-8]

Nery, queixando-se publicamente, advoga, sobretudo, em relação à centralidade do papel do organizador no processo de difusão de matéria testemunhal que não fora pensada por seus produtores para se tornar pública sob a forma de livro.

A existência de duas reuniões de cartas de Rui Barbosa, rematadas por diferentes organizadores, em 1932 e 1933, respectivamente no Rio de Janeiro e em Salvador, entremostra a questão da propriedade material das cartas e da prerrogativa de sua extroversão, no que tange aos preceitos legais. Afonso Rui, que entabulou a edição baiana, *Correspondência íntima*, havia dado em 1921 uma primeira tiragem das missivas do jurista. Essa obra estampava, no verso da página de rosto, o aviso de que "nos termos da Lei n. 2.577 de 17 de Janeiro de 1912 e do convênio de 9 de Setembro de 1889, ficam reservados [sic] ao organizador do presente trabalho o direito de reprodução das cartas íntimas inéditas, inseridas neste volume" (Rui, 1921). A alentada edição carioca de 1932, *Correspondência*, sob a responsabilidade de Homero Pires, quem estivera à frente, em 1919, das *Cartas políticas e literárias* do escritor, deliberou incorporar as missivas presentes na edição de Afonso Rui, de 1921. Reagindo em face da utilização não autorizada de mensagens de seu arquivo, Afonso insere, entre as primeiras páginas da edição de 1933, uma nota apensa, assinada por ele e por Heraldino Lopes Lima, no qual se lê: "Manda a probidade registremos com tristura o ato do Dr. Homero Pires de incluir em livro há pouco editado a *correspondência íntima*, de propriedade do Dr. Afonso Rui. Isto, entretanto, não prejudica a publicação do presente trabalho nem a sua finalidade, tais os elementos novos e preciosos que o mesmo contém [...]" (Rui, 1933: s.n. de p.). O "Editor" da obra, em uma "Nota" inicial, volta à carga: "a correspondência íntima editada é, na sua quase totalidade, de propriedade do seu organizador, parte integrante de seu admirável arquivo familiar e cujo direito de reprodução lhe garante a lei" (Rui, 1933:5-6).

Acusando interesses ideológicos que mobilizam edições de cartas, ganham relevo os três volumosos tomos das *Cartas dos primeiros jesuítas do Brasil*, preparados pelo padre Serafim Leite, a partir de 1954, no bojo das comemorações do IV Centenário da Cidade de São Paulo. A publicação do monumento epistolográfico colonial contribuiu para alardear a hegemonia desenvolvimentista do Estado, evidenciando o caldeamento de uma "identidade paulista", nos vínculos entre bandeirantes e índios, disciplinados pelos padres da Companhia de Jesus (Cerello, 2008:32-36).

O olhar mais apurado sobre a história das publicações de correspondências surpreende estratégicas justificativas de divulgação das obras, a valorização de certos nomes no campo intelectual, expectativas de organizadores, de editores e do público.

Folhas de parreira, escrúpulos

Se a edição de cartas pode ser vista como uma "*Odisseia*" — percepção de Vicente de Azevedo, quando se viu às voltas com a publicação da fugidia correspondência do poeta romântico Álvares de Azevedo (Azevedo, 1976:7-11) —, o estudioso da epistolografia nacional deve também, pela vez dele, se precaver das ciladas no caminho, mormente no que se refere à fidedignidade do texto das mensagens estampadas em livros.

Entre a carta, documento de arquivo, e as páginas do livro observa-se um percurso sujeito a toda sorte de corrupção textual. Erros de leitura do manuscrito, reelaboração interessada da realidade discursiva, reservas e censuras configuram-se, muitas vezes, situações comuns no jogo que intenta a elaboração de retratos públicos, nascidos de documentos confidenciais.

Em setembro de 1943, no processo de construção de *A barca de Gleyre*, Monteiro Lobato desvela a seu interlocutor, Godofredo Rangel, as estratégias de difusão das próprias cartas, explicitando que, ao transcrevê-las, fizera a depuração "dos gatos, do bagaço, das inconveniências", para deixar "só o bom", "como as canas de chupar que a gente atora a ponta e o pé" (Lobato, 2010:560). A imagem não sugere apenas o propósito de escritor em apurar esteticamente as mensagens, embora esse aspecto não deva ser negligenciado; indica, sobretudo, sua intenção de suprimir situações narradas que viessem a comprometer os correspondentes ou terceiros. Se a primeira edição da obra, em 1944, não contemplou as missivas nas quais se discutia o procedimento editorial, o prefácio intitulado "Escusatória", encenando a indecisão de abrir ao público aquela substância da vida privada, deixa clara a manipulação do texto: "Pensei, pensei, pensei. Por fim, vá lá. Tenho sérias dúvidas sobre se estou ainda vivo — e se as cartas saírem com a minha revisão de semivivo, apresentar-se-ão podadas de muitas inconveniências que um semimorto já não subscreve" (Lobato, 2010:31).

O escritor Mário de Andrade, que desde os anos de 1920 colocava em marcha seu ambicioso projeto epistolar, fomentando redes intelectuais no modernismo, demonstra, em agosto de 1943, seu temor com a possibilidade de que essa documentação da intimidade, essencialmente contraditória, viesse um dia a se tornar pública. Dirigindo-se ao jovem jornalista carioca Murilo Miranda, lança o anátema, como quem lavasse as mãos, deixando à posteridade a resolução de um problema de ordem moral: "[...] declaro solenemente, em estado de razão perfeita, que quem algum dia publicar as cartas que possuo ou cartas escritas por mim, seja em que intenção for, é filho da puta, infame, canalha e covarde. Não tem noção da própria e alheia dignidade" (Antelo, 1981:158). No ano seguinte, em contrapartida, realçando a ambiguidade por ele vivenciada, autoriza Murilo a divulgar cartas da poeta Cecília Meireles que lhe foram endereçadas, tendo em vista o consentimento dela.[103]

Em 1958, 13 anos após a morte de Mário, Manuel Bandeira empreende a edição das mensagens que dele recebera, entre 1922 e 1936, descurando-se da solicitação do amigo em 1925: "as cartas que mando pra você são suas. Se eu morrer amanhã não quero que você as publique" (Bandeira, 1958:7). Divulgando as missivas, Bandeira assegurava encontrar nelas o "retrato de corpo inteiro, absolutamente fiel" do amigo, bem como a "motivação, gênese e trabalhos de construção de suas produções" (Bandeira, 1958:5). Sublinhava ainda o "valor intrínseco" e o "interesse social" das cartas (Bandeira, 1958:7). Atenua a própria transgressão, no emprego de um filtro discricionário, altamente subjetivo:

> Possuo cartas de Mário indevassáveis devido à intimidade das confidências (é o caso das duas cartas em que ele me relatou a breve ligação com a mulher que lhe inspirou o "Girassol da madrugada") ou à rudeza de certo juízos pessoais, fruto muitas vezes de irritações momentâneas. [...] Nas [cartas] que aqui se

[103] Mário de Andrade escreve a Murilo Miranda em 1º de outubro de 1944: "Vá lá, publique as minhas cartas à Cecília [...]. Se a Cecília deixa e você quer, eu quero e deixo, no caso. Não há de fato inconveniente especial e determinante". Antelo (1981:173).

> vão ler [...] uma ou outra passagem seria indiscreto revelar sem a cautela de alguns cortes. [Bandeira, 1958:8]

Como a quase totalidade dessas mensagens encontra-se atualmente desaparecida, poucas tendo sido conservadas no arquivo de Manuel Bandeira, atualmente no patrimônio do Arquivo-Museu de Literatura Brasileira, da Fundação Casa de Rui Barbosa, no Rio de Janeiro, não se poderão, por enquanto, avaliar adequadamente a natureza do crivo crítico e censório do poeta, nem a fidedignidade das transcrições por ele efetuadas.[104]

As supressões, enquanto procedimentos editoriais, podem ser consideradas de pouca monta pelo organizador, como deixa entender Georges Raeders, em 1938, anunciando ter desprezado, nas mensagens trocadas entre Pedro II e o conde Gobineau, "tão somente as fórmulas de cortesia, sempre as mesmas e sem interesse aqui" (Raeders, 1938:14). Mas o corte pode ser mais profundo e dolorido. Em 1954, vem a lume a correspondência ativa de Capistrano de Abreu, depois de longo tempo afastada do ângulo de visão do público, por determinação de herdeiros. O preparador, pesando as suas possibilidades de intervenção, tolhido certamente por exigências dos familiares do historiador, anunciou, de modo ambivalente, que as missivas "não foram censuradas ou alteradas. Somente duas ou três vezes cortaram-se pequenos trechos, assinalados com reticências entre colchetes. [...] Umas poucas cartas, cuja divulgação foi considerada inoportuna, deixaram de ser publicadas" (Rodrigues, 1977:XII). Essas rasuras teriam incidido, particularmente, sobre "anedotas picantes e as malícias" (Rodrigues, 1977:XVIII).

Na edição de 1974 das cartas de Pedro I, Alberto Rangel assume que teria eliminado trechos da documentação epistolar, desejando despir a "tosca substância [...] do que a tornaria mais nojosa e sofrível". Apagavam-se, assim, de algumas mensagens "certos termos mais grosseiros e

[104] A edição da *Correspondência Mário de Andrade & Manuel Bandeira* (Organização, introdução e notas de Marcos Antonio de Moraes. São Paulo: Edusp/IEB, 2000) buscou restituir o texto original de 14 cartas do autor de *Macunaíma*, com base nos manuscritos preservados no acervo de Manuel Bandeira, no AMLB da FCRB. Ver "Metodologia: rosas e urtigas" na referida edição, p. 28-33.

alusões, que, por vezes, salpicam esta correspondência de tanto picaresco e vergonhoso despejo" (Rangel, 1974:34). Para remediar o ato que resultou na edição *ad usum Delphini*, vinga a ponderação de que os "originais se ach[am] a mais ou menos fácil alcance de seu exame" (Rangel, 1974:33). A reedição de 1986 das cartas, discordando do critério seguido em 1974, e "em respeito ao leitor", recupera a primeira versão do texto, aquela dos primórdios da República, de acordo com a proposta lá adotada de publicar "as cartas 'sob a mais rigorosa fidelidade, sem cortes de pudica censura e sem folhas de parreira que falseiem ou velem a verdade'" (Araújo e Rangel, 1984:12). Naturalmente, a edição das cartas inéditas de Pedro I, em 2011, em uma época (aparentemente) sem tabus em relação à expressão da intimidade, se propõe a tudo mostrar. Escora-se, curiosamente, na orientação dada por Alberto Rangel, em 1916, em *Dom Pedro I e a marquesa de Santos*: "nada de emendas ou de ortopedismos, e principalmente nenhuma supressão. De certos animais tudo se aproveita" (Rezzutti, 2011:84).

Em nosso tempo, quem, seguramente, melhor situou a complexidade da questão das intervenções do organizador na transcrição de cartas foi Ítalo Moriconi, no texto introdutório da edição das *Cartas* do escritor Caio Fernando Abreu, em 2002. Segundo o crítico, a coleta de mensagens do ficcionista falecido em 1996, resultando profícua, levara os "corealizadores" a definir "uma seleção" dos documentos, com o objetivo de "dar maior nitidez e destaque às melhores" peças do conjunto e, simultaneamente, modelar a unidade do livro, pensado, estrategicamente, como "romance fragmentado de uma vida". Fez ver ao leitor, igualmente, que a "imensidão do material" de que dispunha constituía uma "seleção sobre seleções", ou seja, os destinatários do escritor, ao fornecer cópias das cartas que dele receberam, determinaram, de acordo com seu foro íntimo, o que poderia ser difundido. O livro resultava, assim, da "montagem — recorte e superposição de tempos", cumprida pelo organizador (Moriconi, 2002:15-17).

Moriconi aborda o problema das supressões e dos mascaramentos os quais o organizador muitas vezes se vê levado a efetuar nas cartas. Segundo sua formulação lapidar, as "decisões técnicas são também definições éticas", vivenciadas, por ele próprio, aliás, como "drama [...] íntimo". Levanta-se a questão dos "limites na abertura do material ao público", considerando-se que muitas pessoas mencionadas naqueles papéis estavam "vivas e se movimentando por aí":

> Para além da ética do respeito à integridade da assinatura autoral, impunha-se observar os princípios da ética do direito à privacidade e dignidade dos terceiros mencionados. A sintonia fina entre essas duas éticas conflitantes é uma questão relativa, portanto uma questão pessoal, uma questão pessoal autoral do organizador. [Moriconi, 2002:19]

Atento às exigências daqueles que cederam a documentação, cuidando em preservar a intimidade de terceiros, o organizador admite a intervenção nas cartas, tendo por fiel da balança "o índice máximo de tolerância à indiscrição que se pode esperar, por exemplo, da imprensa responsável do Brasil" (Moriconi, 2002:19). Registra o alcance da própria interferência:

> diversos trechos foram, sim, suprimidos, assim como nomes modificados, suprimidos ou substituídos por iniciais, como forma de preservação das pessoas mencionadas. [...]. É importante ainda ressaltar que vários dos trechos, frases, pedaços de frases e nomes próprios suprimidos o foram a pedido dos próprios destinatários que nos cederam as cartas. [Moriconi, 2002:19-20]

Diante disso, se a legitimidade (e o sentido da "legibilidade") (Moriconi, 2002:19) que orientou a construção de um (admirável) "romance de uma vida" sobe ao primeiro plano, fragiliza-se, em grande medida, a natureza documental do livro. Ou seja, a concepção de documento periclita em seu caráter de matéria discursiva fidedigna capaz de suportar análises críticas mais cerradas. De todo modo, o leitor sabe de antemão, no prefácio, que o livro-romance que tem sob os olhos "não se destina apenas, nem primordialmente, a especialistas, mas ao público em geral" (Moriconi, 2002:18).

O resultado de uma primeira reflexão sobre as edições de correspondência no Brasil talvez nos deixe perplexos e um pouco desalentados.[105] Qual a autenticidade desses textos epistolares em letras tipográficas, dos quais em grande parte desconhecemos os manuscritos, em transcrições sem método, desacompanhados de notas explicativas de caráter histórico e biográfico, em livros muitas vezes produzidos para atender à demanda de um mercado cada vez mais obcecado pela vida alheia. Felizmente, na contramão do diletantismo, contam-se no país, mais recentemente, as edições de cartas sob as vistas de pesquisadores da Fundação Casa de Rui Barbosa, do Acervo de Escritores Mineiros da Universidade Federal de Minas Gerais, da Fundação Getulio Vargas, da Academia Brasileira de Letras, do Instituto de Estudos Brasileiros da Universidade de São Paulo, entre outros poucos mais.

Contudo, de modo geral, em face do despreparo metodológico e científico de muitos dos organizadores, como também da negligência das casas editoras em relação à qualidade das obras, devemos supor que há muito ainda a ser feito, se almejamos obter documentação epistolar que favoreça pesquisas mais consistentes. Recupero, por fim, a apurada percepção de Angela de Castro Gomes, em 2005, no prefácio de sua edição das cartas trocadas entre Oliveira Lima e Gilberto Freyre. Sabemos bem, com ela, que editar correspondência é "um trabalho [...] longo e árduo e, certas vezes, — e eu ousaria dizer, frequentemente — não muito prezado no meio acadêmico" (Gomes, 2005:40).

Referências

ABREU, Capistrano de. *Informações e fragmentos históricos do padre José de Anchieta, S. J. (1584-1586)*. Rio de Janeiro: Imprensa Nacional, 1886.

ANTELO, Raúl (Transc. e notas). *Mário de Andrade*: cartas a Murilo Miranda (1934-1945). Rio de Janeiro: Nova Fronteira, 1981.

ARAÚJO, Emanuel (Coord. ed.); RANGEL, Alberto (Notas). *Cartas de Pedro I à marquesa de Santos*. Rio de Janeiro: Nova Fronteira, 1984.

AZEVEDO, Vicente de (Org., pref.; notas do organizador e de Homero Pires). *Cartas de Álvares de Azevedo*. São Paulo: Academia Paulista de Letras, 1976.

[105] Do período de 1872 a 2013, uma prospecção inicial realizada por esta pesquisa em processo contabilizou 267 títulos coligindo cartas de personalidades históricas e da vida social, política e cultural brasileira, bem como, mais recentemente, de pessoas comuns.

BANDEIRA, Manuel (Pref. e notas). *Cartas de Mário de Andrade a Manuel Bandeira*. Rio de Janeiro: Organização Simões, 1958.

CABRAL, Alfredo do Vale. *Cartas jesuíticas I. Cartas do Brasil do padre Manoel da Nóbrega (1549-1560)*. Rio de Janeiro: Imprensa Nacional, 1886.

CANDIDO, Antonio. Notas de crítica literária. *Folha da Manhã*, São Paulo, 10 dez. 1944.

CARTAS do imperador dom Pedro I a Domitila de Castro (marquesa de Santos). Rio de Janeiro: Tipografia Moraes, 1896. Disponível em: <http://archive.org/stream/cartasdoimperad00santgoog#page/n14/mode/2up>.

CERELLO, Adriana Gabriel. *O livro nos textos jesuíticos do século XVI*: edição, produção e circulação de livros nas cartas dos jesuítas na América Portuguesa (1549-1563). São Paulo: Linear B; Programa de Pós-Graduação em Literatura Brasileira, Faculdade de Filosofia, Letras e Ciências Humanas, USP, 2008.

CINTRA, F. Assis. *D. Pedro I e o Grito da Independência*. São Paulo: Companhia Melhoramentos de São Paulo, 1921.

GOMES, Angela de Castro (Org., intr. e notas). *Em família*: a correspondência de Oliveira Lima a Gilberto Freyre. Campinas: Mercado de Letras, 2005.

LACOMBE, Américo Jacobina (Org. do plano geral e notas). *Correspondência III*: primeiros tempos. Curso jurídico. Colegas e parentes. Rio de Janeiro: Fundação Casa de Rui Barbosa, 1973.

LEITE, Serafim, S. J. *Cartas dos primeiros jesuítas do Brasil*, t. I, 1538-1553. São Paulo: Comissão do IV Centenário da Cidade de São Paulo, 1956.

LOBATO, Monteiro. *A barca de Gleyre*. São Paulo: Globo, 2010.

MAGALHÃES JR., R. *D. Pedro II e a condessa de Barral*. Rio de Janeiro: Civilização Brasileira, 1956.

MORAES, Marcos Antonio de (Org., introd. e notas). *Correspondência Mário de Andrade & Manuel Bandeira*. São Paulo: Edusp/IEB, 2000. [2. ed. 2001].

MORICONI, Ítalo (Org.). *Caio Fernando Abreu: cartas*. Rio de Janeiro: Aeroplano, 2002.

NERY, Fernando (Cartas coligidas e anotadas por). *Correspondência de Machado de Assis* com Joaquim Nabuco, José Veríssimo, Lúcio de Mendonça, Mário de Alencar e outros, seguida das respostas dos destinatários. Rio de Janeiro: Oficina Industrial Gráfica Américo Bedeschi, 1932.

PEIXOTO, Afrânio. Nota preliminar. In: *Cartas jesuíticas III. Cartas, informações, fragmentos históricos e sermões do padre José de Anchieta, S. J. (1554-1594)*. Rio de Janeiro: Academia Brasileira de Letras; Civilização Brasileira, 1933. [Edição fac-similar da obra: São Paulo: Edusp; Itatitaia, 1988].

PIRES, Homero (Org. e pref.). *Rui Barbosa. Cartas políticas e literárias, I*. Bahia [Salvador]: Livraria Catilina, 1919.

RAEDERS, George. *D. Pedro II e o conde de Gobineau* (correspondências inéditas). São Paulo: Companhia Editora Nacional, 1938.

RANGEL, Alberto. *Marginados*. Anotações às cartas de d. Pedro I a d. Domitila. Rio de Janeiro: Conselho Federal de Cultura; Arquivo Nacional, 1974.

Revista da Academia Brasileira de Letras, Rio de Janeiro, ano XX, v. XXXI, n. 94, out. 1929.

REZZUTTI, Paulo (Apres., notas e transc.). *Titília e o Demonão*: cartas inéditas de d. Pedro I à marquesa de Santos. Rio de Janeiro: Geração Editorial, 2011.

RODRIGUES, José Honório (Org. e pref.). *Correspondência de Capistrano de Abreu*. V.1. 2. ed. Rio de Janeiro: Civilização Brasileira; Instituto Nacional do Livro; Ministério da Educação e Cultura, 1977.

_____. Alfredo do Valle Cabral/1851-1894. *Anais da Biblioteca Nacional do Rio de Janeiro*, Rio de Janeiro, n. 73, p. 9-38, 1954.

RUI, Afonso (Org., pref. e notas). *Correspondência íntima*. Bahia [Salvador]: Livraria Progresso Casa Editora, 1933.

—. (Coleção, pref. e notas). *Correspondência íntima, política e literária*. Bahia [Salvador]: Imprensa Oficial do Estado, 1921.

SARAIVA, Conselheiro José Antonio (Org.). *Correspondência e documentos oficiais relativos à missão especial do Conselheiro José Antonio Saraiva ao Rio da Prata em 1864*. Bahia: Tipografia do Diário, 1872.

SILVA, Francisco Joaquim Bethencourt da (Apresentação). *Publicações do Archivo Público Nacional*. VI. Rio de Janeiro: Imprensa Nacional, 1907.

SODRÉ, Alcindo. *Abrindo um cofre*: cartas de dom Pedro II à condessa de Barral. Rio de Janeiro: Livros de Portugal, 1956.

TRAVASSOS, Renato (Cartas coligidas por). *Cartas de Machado de Assis e Euclides da Cunha*. Rio de Janeiro: Waissman, Reis & C. Ltd., 1931.

VIANNA, Glória. Revendo a biblioteca de Machado de Assis. In: JOBIM, José Luis (Org.). *A biblioteca de Machado de Assis*. Rio de Janeiro: Academia Brasileira de Letras; Topbooks, 2001.

Sobre os autores

BERTHOLD ZILLY

Doutor em literaturas neolatina e alemã, é docente aposentado da Universidade Livre de Berlim e da Universidade de Bremen. Atualmente, é professor visitante da Universidade Federal de Santa Catarina, onde prepara a nova versão alemã da obra magna de Guimarães Rosa, *Grande sertão: veredas*, para a editora Hansel, de Munique. Traduziu para sua língua natal inúmeras obras de escritores latino-americanos, tais como *Os sertões*, de Euclides da Cunha; *Facundo o civilización y barbarie en las pampas argentinas*, de Domingos Sarmiento; *Memorial de Aires*, de Machado de Assis, *Triste fim de Policarpo Quaresma*, de Lima Barreto; e *Lavoura arcaica*, de Raduan Nassar.

MARCOS ANTONIO DE MORAES

Mestre e doutor em literatura brasileira pela Universidade de São Paulo. Docente e pesquisador do Instituto de Estudos Brasileiros, da Universidade de São Paulo (IEB-USP), atuando na Equipe Mário de Andrade. Estudioso das relações entre literatura e memorialismo, como também da história da epistolografia no Brasil. Organizador de obras de correspondência de Mário de Andrade com Manuel Bandeira, Câmara Cascudo, entre outros. Publicou *Orgulho de jamais aconselhar: a epistolografia de Mário de Andrade* (Edusp, 2007). Bolsista Produtividade em pesquisa do CNPq, desenvolve o projeto *Epistolografia brasileira: levantamento bibliográfico, vicissitudes editoriais e perspectivas de exploração nos estudos literários*.

ROBERTO GONZÁLEZ ECHEVARRÍA

Professor no Departamento de Espanhol e Português da Universidade de Yale. Doutorou-se em línguas românicas em 1970, em Yale, e começou a publicar os primeiros livros a partir de 1977. Seus estudos apresentam visões originais sobre o romance hispano-americano, com destaque para a análise de autores como Alejo Carpentier, Jorge Luis

Borges e Juan Rulfo. Entre suas obras, destacam-se: *The voice of the masters: writing and authority in modern Latin American literature* (1985); *Mito y arquivo: una teoría de la narrativa latino-americana* (1990); *The pride of Havana: a history of Cuban baseball* (1999); e *Law and love in Cervantes* (2005).

ROGER CHARTIER
Historiador vinculado à historiografia francesa da *École des Annales*. Desde 2006, é professor do Collège de France, uma das mais tradicionais instituições francesas. Formado na École Normale Supérieure. É especialista em história da cultura, da circulação do livro e da apropriação das ideias e das práticas socioculturais da leitura na Europa moderna. Autor de uma obra prolífica, parte dela acessível em português, publicou, entre outros: *La correspondance: les usages de la lettre au XIXe siècle* (1991); *Les origines culturelles de la Révolution Française* (1999); e *Histoire de la lecture dans le monde occidental* (2001).

Sobre os organizadores

BERNARDO BORGES BUARQUE DE HOLLANDA

É professor adjunto e pesquisador do CPDOC/Escola de Ciências Sociais, da Fundação Getulio Vargas. Estuda história social do esporte e vida literária no Brasil. É organizador de uma coletânea de crônicas histórico-políticas do escritor Rubem Braga (Editora Autêntica, 2016), entre outras publicações.

JOÃO MARCELO EHLERT MAIA

É sociólogo, pesquisador e professor adjunto do CPDOC/Escola de Ciências Sociais da FGV. Suas áreas de interesse incluem história das ciências sociais e sociologia da cultura. É autor, entre outros, de *Pensando com a sociologia* (Ed. FGV, 2008).

CLÁUDIO COSTA PINHEIRO

É diretor do Programa Sephis (*South-South Exchange Programme for Research on the History of Development*) e professor do Instituto de História da UFRJ. Estuda colonialismo, pós-colonialismo e seus efeitos na história da circulação de ideias e na geopolítica da produção de conhecimento.

Anexo

Trabalhos selecionados para o III Ateliê Internacional do Pensamento Social 2013

OS QUADROS a seguir apresentam uma listagem com os nomes dos 34 participantes, com a indicação de sua vinculação institucional e dos temas dos projetos propostos e discutidos no segundo dia de atividades do Ateliê, em 23 de agosto daquele ano, juntamente com os professores convidados a comentar. A lista procura evidenciar a diversidade de instituições, programas, cidades de origem e temáticas contempladas no encontro.

Grupo 1: Coordenadores da mesa — professor João Cesar de Castro Rocha (Letras/Uerj) e professor Valter Sinder (Antropologia/PUC-Rio)

Nome	Pós-Graduação	Instituição	Título do Projeto
Alex Brito Ribeiro	Mestrando em história	Universidade Federal Rural do Rio de Janeiro (UFFRJ)	Anarquismo e literatura: cultura operária, militância política e literatura em Neno Vasco e Fábio Luz
Carla de Fátima Cordeiro	Doutoranda em sociologia	Universidade Estadual de Campinas (Unicamp)	De Honório a Archanjo: o negro nos romances em Jorge Amado
Carlos Eduardo Dias Souza	Doutorando em sociologia	Universidade de São Paulo (USP)	Contos de escola no Brasil Imperial: sobre formação intelectual e ação política no Segundo Reinado
Eliane da Conceição Silva	Doutoranda em ciências sociais	Universidade Estadual Paulista (Unesp)	A violência social brasileira na obra de Carolina Maria de Jesus
Fernando Matias de Siqueira	Mestrando em sociologia	Universidade Estadual de Campinas (Unicamp)	O significado da ironia no romance *Triste fim de Policarpo Quaresma*
Ioneide Maria Piffano Brion de Souza	Doutoranda em história, política e bens culturais	Escola de Ciências Sociais (CPDOC/FGV)	De feminino a feminista: a transformação na escrita literária dos romances de Heloneida Studart
Jean Felipe Bastardis Coelho	Doutorando em história social	Universidade Federal do Rio de Janeiro (UFRJ)	O plágio como dispositivo de nacionalidade e de atribuição estética na literatura brasileira do século XIX
Lainister de Oliveira Esteves	Doutorando em história social	Universidade Federal do Rio de Janeiro (UFRJ)	A imaginação do medo: o terror na ficção brasileira do século XIX

Luã Ferreira Leal	Mestrando em sociologia	Universidade Estadual de Campinas (UNICAMP)	O silêncio e os sons: por um olhar sociológico sobre a historiografia não acadêmica da MPB
Luna Ribeiro Campos	Mestranda em sociologia	Universidade Federal do Rio de Janeiro (UFRJ)	Quem viaja tem muito pra contar: Mário de Andrade e a "viagem etnográfica" de 1928-29
Natália Rizzatti Ferreira	Doutoranda em letras	Universidade Estadual Paulista (Unesp)	Cultura de massas em *Onde andará Dulce Veiga?*, de Caio Fernando Abreu
Patrícia da Silva Santos	Doutoranda em sociologia	Universidade de São Paulo (USP)	Siegfried Kracauer: sociologia e superfícies (escritos até 1933)
Renata Rufino da Silva	Doutorando em história social	Universidade Federal do Rio de Janeiro (UFRJ)	Sergio Milliet: um *passeur* do modernismo, entre as vanguardas do Brasil e da Europa
Tânia Maria de Mattos Perez	Doutoranda em letras	Universidade Federal Fluminense (UFF)	Imagem, memória e alegoria na ficção de Chico Buarque
Thaís Valvano	Mestranda em ciências sociais	Universidade Federal Rural do Rio de Janeiro (UFRRJ)	Mazzaropi e a invenção do caipira nas telas de cinema
Thaís Chang Waldman	Doutoranda em antropologia social	Universidade de São Paulo (USP)	Moderno bandeirante: Paulo Prado entre espaços e tradições
Vicente Saul Moreira dos Santos	Doutorando em história, política e bens culturais	Escola de Ciências Sociais (CPDOC/FGV)	O IV Centenário da cidade do Rio de Janeiro (1965) e os espaços urbanos no livro: *Rio de Janeiro em prosa e verso*

Grupo 2: Coordenadores da mesa — professor Antônio Herculano (Fundação Casa de Rui Barbosa) e professor Leopoldo Waizbort (Sociologia/USP)

Nome	Pós-Graduação	Instituição	Título do Projeto
Affonso Celso Thomaz Pereira	Doutorando em história social	Universidade de São Paulo (USP)	A escrita de Sarmiento nos jornais chilenos em meados do século XIX
Alice de Oliveira Ewbank	Mestranda em sociologia	Universidade Federal do Rio de Janeiro (UFRJ)	A comparação nos escritos de Antonio Candido: uma forma de pensar o Brasil
Ana Beatriz R de Souza	Mestranda em história	Universidade Estadual do Rio de Janeiro (Uerj)	Para além do folhetim: diversão, notícias e crítica social no rodapé dos jornais (Rio de Janeiro 1870-75)
Felipe Fontana	Doutorando em ciência política	Universidade Federal de São Carlos (UFSCar)	Do chão à teoria, da teoria ao chão: Oliveira Vianna e a especificidade de sua atuação no Estado brasileiro entre os anos de 1932 e 1940
Gabriela Theophilo	Doutoranda em história social	Universidade Federal do Rio de Janeiro (UFRJ)	Os usos da noção de documento e as diversas formas de "realismo documental" a partir da revista francesa *Documents* (década de 1930)
Guilherme Mendes Tenório	Doutoranda em história, política e bens culturais	Escola de Ciências Sociais (CPDOC/FGV)	Nação, território e educação na Primeira República
Gustavo Louis Henrique Pinto	Doutorando em ciência política	Universidade Federal de São Carlos (UFSCar)	Teoria do subdesenvolvimento e projeto desenvolvimentista — um balanço comparativo do pensamento de Celso Furtado e José Medina Echavarría

João Marcos Reis de Faria	Doutorando em literatura	Universidade Federal Fluminense (UFF)	Atuação intelectual e formações identitárias na tradição ensaística latino-americana
Kaio Felipe	Mestrando em ciência política	Instituto de Estudos Sociais e Políticos (Iesp/Uerj)	Um estudo hermenêutico do *Doutor Fausto* de Thomas Mann
Luca Bongiovanni	Mestrando em história	Universidade Federal Rural do Rio de Janeiro (UFFRJ)	O público e o prazer da presença: o teatro ligeiro esteticamente negro de De Chocolat (Rio de Janeiro, 1922-38)
Luiz César de Sá Júnior	Doutorando em história social	Universidade Federal do Rio de Janeiro (UFRJ)	*Renascens Platanus*: a construção da *auctoritas* letrada na escrita laudatória imperial (1527-89)
Maria Stella Faciola Pessoa Guimarães	Doutoranda em desenvolvimento sustentável	Universidade Federal do Pará (UFPA)	Benedito Nunes e o pensamento social
Natália Romanovski	Mestranda em sociologia	Universidade de São Paulo (USP)	Revista *Joaquim* (1946-48): trajetórias intelectuais na periferia do campo de produção cultural brasileiro
Pedro Demenech	Doutorando em história social da cultura	Pontifícia Universidade Católica (PUC-Rio)	A bússola e o torniquete: proposta de análise do *Diario* de Ángel Rama
Rafael Marchesan Tauil	Doutorando em ciência política	Universidade Federal de São Carlos (UFSCar)	Questão racial e desenvolvimento: a cadeira I de sociologia uspiana
Tarcila Soares Formiga	Doutoranda em sociologia	Universidade Federal do Rio de Janeiro (UFRJ)	O crítico de arte como mediador: atuação de Mário Pedrosa no exercício crítico entre as décadas de 1940 e 1950
Vanuza Moreira Braga	Doutoranda em história, política e bens culturais	Escola de Ciências Sociais (CPDOC/FGV)	Modernismo, amizade e projeto nacional na trajetória de Rodrigo Melo Franco de Andrade

Impressão e acabamento:

Grupo Smart Printer

Soluções em impressão